北縁怪談

匠平

竹書房
怪談
文庫

目次

※本書に登場する人物や名称は様々な事情を考慮して仮名にしてあります。

まえがき

日本初の怪談ライブバー「スリラーナイト」専属怪談師の匠平《しょうへい》です。

僕は子供のころから怪談が好きでした。しかし、まさか怪談を生業にする人生を歩むことになるとは思いもしませんでした。

小学生のころから格闘技を習っていたこともあり、高校卒業後、整骨院の先生になるための専門学校に入学し、国家資格を取得し、医療従事者として働いていたんです。

しかし、勤めていた治療院を退職し、日雇いのアルバイトをしながら求人雑誌を眺めている時に現職場の求人募集に記載されていた「怪談師募集」の五文字が目に飛び込んできました。

「そうだ、怪談やろ……」

気が付くと怪談師として毎日お客さんの前で怪談をする生活が始まっていました。

ですが、三年後には辞めて元の整骨院の先生に戻ろうと思っていたんです。そうしたら、今年で怪談で飯を食いだして九年目。自分でも驚きを隠せないというか、意味がわからない。でも、怪談にはそれだけの魅力があるのでしょう。

僕は普段、作家ではなく「喋り」で怪談を伝えています。なんならデスクワークが嫌いだから、学生の頃から接客業を選び続けてきました。

そんな僕がパソコンに噛り付いて「喋り」ではなく「文章」で怪談を纏《まと》めました。本のルールもわからない僕がまとめた文章ですから、読みづらいところはあると思います。

ただ、ここに収めさせてもらった数々の怪談は提供してくださった、たくさんの人たちの協力のもと成り立っています。

なんなら、僕経由ではなくて、本人から聞いて欲しいと思いながら書いていました。

その結果、出来上がったのが「北縁怪談」です。

本来の怪談本としてはありえないような構成になっている話も収録されていますが、是非とも怪談収集のリアルを感じ取ってほしい。

怪談とは受け取り手によって印象や結末が変わる物語です。ここにまとめた怪談すべてに正解はない。

自分の感性・感覚・経験・好みで自由に解釈して、あなたが一番楽しめる形で読み進めていただきたいと思います。

中央区円山のMマンション

不動産の管理会社でバイトをしている圭輔さんに聞いた話だ。

圭輔さんの仕事内容は、まだ借り手のいない物件を一日に何軒も回って、その物件の中をカメラで撮影して宣伝用の写真を撮ること。

担当しているエリアの中には、自分が住みたくなるような綺麗でおしゃれな物件から、古臭いほぼ廃墟みたいな物件まで様々ある。

そんな中、何度撮影に行っても気持ちの悪い家が一件ある。

その物件は札幌市中央区円山《まるやま》にある、Mマンションの四〇五号室だという。

十畳ほどのワンルームの一室なのだけど、入るたびに空気が重く感じられる。

日当たりが悪いわけでもないのに、部屋の中がどうにも暗い。

そして写真撮影をする際に部屋の照明を点けるためブレーカーを上げるのだが、この部屋ではブレーカーを上げた瞬間「ピーーー、正常です」と無機質な音声が突然に入る。

「そういう仕様なんですけど、これが個人的にとても怖い」と苦笑いする。


つい先日、事務所でデスクワークをしている時に、上司にあたる戸田さんという五十代の社員と軽く雑談をしていた。

ちょうど事故物件にまつわるホラー映画が上映されていたこともあって、その話題から怖い話になったのだ。

そうしたら急に戸田さんが、作業している手を止めて言い出した。

「あのさ、圭輔君って円山のMマンションの四〇五号室って行ったことあるかな?」

「行ったことあります。というか、今、僕がそこの担当です」

「あ、そうか。担当エリアがあのあたりだもんね」

それよりも急にあの物件の名前が出てきたことに、圭輔さんは少し驚いた。

「あの物件、圭輔君は平気?」

戸田さんの表情が少し強張《こわば》って見えた。

圭輔さんは四〇五号室に行くたびに感じる違和感を、戸田さんに話してみた。

「やっぱりか……」

戸田さんはまるで何かを知っているように漏らす。

「あの、やっぱりあの部屋って何かあるんですか？」

圭輔さんがそう訊くと戸田さん、しばらく下を向いたまま難しい顔をしていたのだが、ゆっくりと顔を上げて話し始めた。

「あの物件、二十年以上前に僕が担当していたんだ」


当時、戸田さんが二十代後半だった頃のこと。

今の圭輔さんのような立場で、毎日たくさんの物件の写真撮影をして回っていたという。

その担当エリアの中に、Mマンションの四〇五号室があった。

月に一度撮影のために来るこの部屋を、戸田さんも「言葉でうまく表現はできないけど気味が悪い」と思っていたという。

その日、リストにMマンションが入っていたため、いつものように撮影に行った。

四〇五号室に着くと、解錠してドアを開けて中に入る。部屋の埃《ほこり》っぽいにおいが鼻をくすぐった。

玄関口から部屋全体が見渡せる造りになっていて、見通しがよく死角もないのに、いつもと同じく気味が悪い。しかし、やることもいつもと同じだ。

扉上にあるブレーカーを上げる。

「ピーーー、せ、せ、せい、せいじょ、う、で、で、す」

いつもと違う……音声の様子がおかしい。

通常なら「ピーーー」という機械音の後に「正常です」という無機質な音声が入るのだが、音声がスムーズに再生されない。

(故障したか……)

そう思った。

「ピーーー、せ、せ、せい、せいじょ、う、で、で、す」

音声は鳴りやまない。

しょうがないので、そのまま急いで撮影を済ませてしまおうとカメラを構えた瞬間。

「せ、せいじょうです、せいじょ、じょです、からもう、こないでください」

本来、流れるはずのないフレーズが、男性の声ではっきりと聞こえた。

「は？」

思わず声を出した次の瞬間、
バンッ!!

すごい勢いで玄関の扉が開いた。思わずのけぞりながら玄関を見る。すると六十代くらいの男性が勢いよく部屋に入ってきて、

「おたく、この部屋で何やってるの？」

まくし立てるように言ってきた。

戸田さんはその状況にまたビックリして固まったものの、

「管理会社のものでして、写真撮影にきました」

混乱しながらもどうにか答えた。

「あー、そうだったんだ。せっかく来てもらったのに悪いんだけど、この部屋、もう入居者決まってるから帰って大丈夫だよ」

「え、そうだったんですね。上司から報告受けていなくて、ご迷惑おかけして申し訳ございません。」

「いいよ、いいよ。気にしないで」

戸田さん、その男性に見られながらブレーカーを落とすと、一緒に外へ出て鍵をかけて別れた。


それから八か月後。

戸田さんが事務所で作業をしていたら上司がデスクに来て、少し怖い顔をしている。

「あのさ戸田、なんでここ数か月、Mマンションの物件に行ってないの？」

「四〇五号室ですよね。最後に行った時に入居者決まったから、もう来なくていいって、管理組合の方なんですかね？　六十代くらいの男性に言われましたよ」

「は？　何言ってんだ。あそこ入居者なんて決まってないぞ」

「え、でも、僕言われましたよ」

間違いなく最後に行った時に言われた記憶が残っている戸田さんは、上司にそう言う。

「いやいや、入居者決まってないんだって。今やってる作業は後でいいから、すぐ行って写真撮ってこい」

納得できないものの上司に言われるがまま事務所を後にして、Mマンションに向けて車を走らせた。

久しぶりに四〇五号室の鍵を開けて中に入る。部屋の中は、確かに誰かが住んでいる様子もなく、最後に来た時のままだ。

（あのおじさん、違う部屋と勘違いして言いに来たのか？）

首をひねりながら、撮影のためにブレーカーを上げると、

「ピーーー、正常です」

いつもの無機質な音声が流れる。部屋に入り、カメラを構えてシャッターを切ろうとした瞬間。

バンッ‼

と玄関の扉が開いて、あの男性が勢いよく入って来るやいなや、

「もうここには来るなって言っただろ！　なんでまた来たんだ！」

すごい剣幕で詰め寄ってきて、戸田さんの腕を掴んだ。

「上司から、この部屋は空き部屋で入居者なんていないから撮影してくるように言われたんです」

突然の出来事に混乱しながらも説明するが、男性は、

「そんなこと関係ない！　いいから出て行け！　ほらっ、こっちに来い！」

まくし立てながら腕をグイグイと引っ張って、玄関へと戸田さんを引きずらんばかりに追い立てる。靴を履いたとたんに外へと押し出されて、目の前で扉を閉められた。

（やっぱり入居者は決まってたのか？）

戸田さんはすぐに事務所に戻り、上司に報告した。

「言われた通りMマンションの四〇五号室に行ってきたんですけど、撮影しようと思ったら、私が言っていた男性がまた部屋に入ってきて、すごい剣幕で怒鳴られて部屋から追い出されました。あの部屋、本当に契約されてないんですか？」

戸田さんから報告を受けた上司は首を傾げながら、Mマンションの四〇五号室の資料を引っ張り出して確認を始めた。

「うん、やっぱり契約なんてされていない。戸田、その男、変質者かもしれないから特徴教えてくれないか？」

戸田さんは覚えている限りの男性の特徴を上司に伝えた。すると上司が怪訝《けげん》な表情を浮かべて、Mマンション四〇五号室の資料の中から一枚の契約書を取り出した。

「その人って、もしかしてこの写真の男性か？」

そこに男性の写真が貼られていて、戸田さんはうなずいた。

「そうです。この方です」

「間違いないのか？」

「間違いないです。今さっき、怒鳴られたばかりですし」

上司が深くため息をつく。

「どうされました？」

「この人、数年前に亡くなってるのよ」

「え？　いや、どういうことですか？」

上司が言うには、もともとその部屋はゴミ屋敷だったという。住んでいたのはその男性と奥さんだったが、奥さんが亡くなったのを機に男性は精神状態を悪くしてしまったらしい。その結果、ゴミを溜め込んでしまったのだ。

大家や管理会社が何度も注意したのだが改善されることがなく、ついに強制退去させられることになった。退去当日、大家と管理会社と市の職員でドアの鍵を開けて強制的に中に入ると、男性はゴミに囲まれたまま首を括って自殺しているのが見つかった。

それ以降、新しく人が住みだすと、亡くなった男性が現れて住人を部屋から追い出そうとするようなことが何度かあったという。

「ずいぶんと前の話だけどね」

戸田さんはそう話してくれた。


近所の人の話によると、とても仲の良い夫婦で男性は奥さんのことをとても大切にしていたそうだ。男性にとっては今もまだ四〇五号室は、奥さんとの思い出の詰まった部屋で、入ってくる人を追い出し続けているのかもしれない。

そんなこともあるせいか、なかなか入居者が決まらず空いたままになっている物件なのだという。

ちなみに現在もMマンションの四〇五号室は入居者を募集している。

H和の滝の人たち

スリラーナイトに半年に一度くらいのペースで遊びに来てくれる、二十代半ばの男性のお客様、藤原さんから聞かせてもらった話だ。

藤原さんが高校生の頃、男友達たちとH和の滝に肝試しに行った。その当時、あちこちに肝試しに行くことが彼らの中では流行《はや》っていたのだ。

H和の滝とは、札幌では有名な心霊スポットなのだがそれは夜間のこと。日中はパワースポットとも言われている、自然豊かな場所だ。

夜になると、そのありがたい力にあやかろうとした霊たちが集まって来るのか、昼間とは性質がまったく変わってしまうと言われているのだ。

もともとは山伏の修練場とされていたといい、見る人が見れば竜神様がいらっしゃるらしい。

そんなH和の滝に、藤原さん含め六人で出かけることになった。

家を出発したのは夜の十時過ぎ。高校生なので車の免許はない。それぞれが自転車をこいで目的地に向かった。

市街地から一時間ほど、手稲山《ていねやま》登山口方面に向かっていく。登山口と言われるくらいだから木々が鬱蒼としており、街灯は等間隔にポツポツとしかない。

山道を登って行くと更に街灯がなくなってきて、あたりは暗闇に包まれている。

明かりは藤原さんたちがこいでいる自転車のライトくらいしかない。

みんなで「どんどん暗くなってきたなぁ」だとか「お前びびってんじゃないの?」など、話している間にH和の滝にすんなりと到着した。

観光地でもあるため、そこそこ広い駐車場もある。

その駐車場の端には、焼身自殺や首つり自殺があったと言われる公衆トイレがひとつ。

他にも、慰霊碑や墓石のようなものもある。ひと気はもちろんまったくない。

藤原さんたちはまず、いわくのある公衆トイレに近づく。

「なんか空気が重たい気がするなぁ」「おまえの後ろに何かいるぞ！」

それぞれに雰囲気を出そうとして言ってみるが、どうにもこうにも怖い感じにはならない。

（やはりメインの滝に行かないと怖くないな）

藤原さんたち、滝へと向かって歩き出した。駐車場からすぐ、わかりやすいところに階段があり、そこを下りていくと滝が現れる。

階段を下り出したところから「ゴォーーーーー」「ドドドドドド」と、滝壺に水が落ちる音が聞こえてくる。

更に階段を下りていくと十メートルほど先に、黒々とした滝が見えてきた。近づくにつれて迫力ある音とともに、水しぶきが顔や衣服を濡らす。

――それだけだった。何も起きないし、怖くもない。

藤原さんたちは誰が何を言うでもなく、無言で階段を上り駐車場に戻る。

自転車を停めた方に歩き出そうとした時、目に赤い光が飛び込んできた。

一台のパトカーが赤色灯を回して停まっている。

時間はすでに十一時を過ぎている。補導時間でもあるし、藤原さんたちはタバコを持っていたので捕まるととてもめんどうなことになる。

どうにかパトカーを避けたいが、残念なことに自転車はパトカーの先にある。

パトカー近くの茂みに身を隠しながら、どうやって自転車を回収しようかみんなで作戦会議をしていると、パトカーから警官が二人降りてきた。

帽子をやたら目深に被り、手には警棒を持っている。

「◇×ッ！　×☆□◇△ッ!?」

「△×◇☆ッ××!!」

二人は狂ったように何かを叫んでいる。

その声が異常なほどに大きいのと、まくし立てるような喋り方なため何を言っているのかまったく聞き取れない。

「なんかあの警官ヤバくない？」

みんなで茂みから様子を窺っていると、その二人の警官が妙なリアクションを取りながら潜んでいる場所に向かってくる。

これは強行突破するしかない。

藤原さんたちは一斉に茂みから飛び出すと、自転車の方へ走り出した。

二人の警官はわけのわからない怒鳴り声を上げながら、その行く手を阻もうとする。

両手を広げている警官たちの隙間を抜けた瞬間、藤原さんの右肩に激痛が走り、続いて背中に衝撃があった。

すぐに警官に殴られたのだとわかった。思わず膝をついたところを今度は足で蹴られそうになる。

今まで警官に注意をされることはあっても、暴力を振るわれたことはなかったため驚いた。でも、なりふり構っていられない。身の危険を感じた藤原さんは、警官たちの攻撃をどうにか振り切り、自転車にまたがった。

これで逃げ切れるっ！　全力で自転車を漕ぎ出そうとしたものの、自転車がまるで凍り付いたかのように微動だにしない。

鍵はもともとかけていないのに、ペダルが固まって動かない。

警官たちの怒鳴り声が近づいてくる。

「散れっ！　あとで合流するぞ！」

事前に、何かトラブルが起きた時は、H和の滝からしばらく道路を下ったところにある公園に集合しようと決めてあった。

六人全員が四方に散って全力疾走を開始した。

藤原さんは友人と二人、警官の目を逃れて茂みの奥へと突き進んで行く。

そこには一軒家があり、その塀の陰に隠れると息を殺した。

他の四人は隠れたりせず、坂道を公園のほうに向かって下っていくのが見える。

警官たちの怒鳴り声が徐々に遠退く。

藤原さんたちは胸を撫で下ろし、その場にしゃがみこむ。

「お兄ちゃんたちも逃げてるの？」

唐突に頭の上から声が聞こえてビクッとなった。

顔を上げると、小学生くらいの男の子がいつの間にか目の前に立っている。

Tシャツに短パン、そして何故か裸足《はだし》――。

この家の子かな？　と思いつつ、邪険に扱って人を呼ばれても面倒くさい。しかも「逃げてるの？」と訊かれたということは、この状況を知っているのかと思った。

「うん、逃げてるよ」

刺激しないように、なるべく優しい声で言った。

「僕も逃げてるの」

男の子はそう言うと、ピョーンッとそのまま後方へとジャンプをした。

そして、大人の背ほどもある鬱蒼とした茂みの向こうへと消えてしまったのだ。

「おいっ！　あの子、なんだよ！」

「わからねぇよ！　でも、ここにいるのもヤバそうだ！　俺たちも公園に行くぞ」

唖然とした二人は、奇妙な少年の行方は気になったものの、まずは皆と合流することが大事と公園へと急いだ。

公園ではすでに到着していた他の四人が二人を待っていた。

無事に合流できた安心感からか会話が弾む。

「あの警官たち、ヤバかったよなー」

「あいつらなんだったんだろうな」

「こっちも変な子どもがいてよ」

気が緩んでそんなことを話していると突然、
パンッ！

と破裂音のような音がして、皆が押し黙った。

この中で一番霊感のある聡が強張った表情で腕を押さえている。いつも腕につけている数珠の糸がちぎれて石が地面に散らばったのだ。

「ヤバいかもしれない」

聡がつぶやいた。

ギィーーー、ギィーーー

また、何か音が聞こえた。

音の出どころをみんなで探していると、自分たち以外に公園に人はいないにもかかわらずブランコがひとつ、大きく揺れている。風はなかった。

「急いでここからも離れるぞ」

藤原さんたちはまたH和の滝の方へと坂道を走った。駐車場に先ほどのパトカーも警官の姿もないことを確認すると、自転車に飛び乗る。

さっきはびくとも動かなかった自転車は、スムーズに走り出した。

H和の滝から一番家が近いのがマサヒロの家だったので、みんなでいったんマサヒロの部屋に落ち着いた。

今まで仲間内で色々な心霊スポットに行ってきたが、今回のようなことは初めてだったので、戻ってきて話をするうちに「今夜のことを記念に集合写真を撮ろう」ということになった。

みんなで撮った画像を見てギョッとした。

その写真に写っていたマサヒロの部屋にある大きな窓には、一面に大量の手形が広がっていて、点けていなかったテレビの画面には見知らぬ女の顔が映り込んでいたのだ。しかもその女の顔はまるでムンクの「叫び」のように、恐怖に歪んでいる。

H和の滝で襲い掛かってきた、何を言っているのかわからなかった（今、考えると日本語ではなかった気がする）警官たちや、藤原さんの前に現れた裸足の男の子など、一体何だったのかわからないままだが、藤原さんはそんな体験をしたと話してくれた。

オロロンラインで憑いたもの

スリラーナイトに遊びに来た二十代前半の女性のお客様から聞かせていただいた話。

仮に明日香さんとするが、明日香さんの話の印象を変えないためにも、明日香さん目線でまとめたものである。


夜、札幌に住む友達の航君から電話が来たんです。

「出てくれてありがとう。今、すごい怖いからこのまま電話で話を聞いてくれ！」

受話器の向こうで航君はとても焦っている様子でした。

「何があったの？」

私が訊くと、航君はまくし立てるように話を始めました。

二日間の休みが取れた航君は、今朝早くから自宅から九十分程車を走らせ、石狩《いしかり》方面のとある築港に趣味の釣りに出かけたんだそうです。

一日めいっぱい釣りをしようと意気込んでいて――何時間竿を下ろしたかわからないけど、数匹の魚を釣ることに成功すると、日が落ちきる前に片付けを始めました。

荷物をすべて車に積み終わり、忘れ物がないか確認したら走り出しました。

オロロンラインを通って札幌方面に戻ります。オロロンラインは小樽《おたる》から稚内《わっかない》まで、日本海沿いを通る道です。ほかに走る車もなくスムーズに進んでいると、前方数十メートル先の反対車線のレーン上にこちらに向かって手を挙げている男性を見つけたんです。

年齢は五十過ぎでしょうか。その周辺には民家などはないし、男性の傍らに車や自転車もなくて――。

歩いてどこかに向かっていたのが、日が落ちてしまい途方に暮れているところにたまたま自分が通りかかったのかもしれない――と航君は思ったそうです。

なので、減速すると男性の前で車を停めて窓を開けて、反対車線に立つ男性に向かって声をかけました。

「おじさーん、大丈夫ですか？　どこか目的地があるなら乗せて行きますよー」

男性は腕を下ろしてニコニコしながら「うん、うん」とうなずくんです。

「なら、車へどうぞ。今なら対向車もないですし、後からも車は来ていないんで、こっちに渡って乗っちゃってくださいー」

「うん、うん」

男性は相変わらずニコニコしながら「うん、うん」とうなずいているだけ。

「乗らないんですか?」

「うん、うん」

やっぱりニコニコしながらうなずく。

ここで航君、ちょっとおかしい人なのかもしれない、と思って、これ以上かかわってもまずいかなということで言ったんです。

「乗らないなら僕、行きますからねー」

「うん、うん」

やはり男性はニコニコとうなずいている。航君は窓を閉めると車を発進させました。

(変なおじさんだったなぁ。あのおじさん、どこから来てあそこにいたんだろう)

そんなことを考えながら、ルームミラーで後ろを確認して「え?」と思った。

ルームミラーには、車のすぐ後ろをさっきの男性がニコニコした顔でぴったりとついてきているのが見えるんです。

「なんだよ、あれ！」

思わず振り返って確認するけど、そこには何も見えない。

でもルームミラー越しには男性の姿が車のすぐ後ろに見えている。

車は時速六十キロは出ているのにですよ？

（人じゃなかった。あれは幽霊？）

混乱しながら、どうしたらよいのかわからず、とにかく誰かと話をしないと怖いと思い、携帯電話で友人に電話をかけていく。

でも、こんな時に限って誰とも電話が繋がらない。

ルームミラーを見ると、相変わらず男性はニコニコしながらついてきている。

そして、やっと電話がつながったのが私だったんです。

「助けてくれ！　どうすればいい？」

私は、怪談は好きなんですが、祓《はら》う知識は持ち合わせていません。正直、どうしようもないんですけど――。

「今もまだ、おじさんはついてきてるの？」

「ついてきてる。今でも変わらずにルームミラーに映ってる！」

頼むから電話を切らないでくれ！　とおびえている航君と話し続けました。

「車線変更とかしてもダメ？」

「どうしよう、全然いなくならない。あ、しかもトンネルが見えてきたから、もしかしたら電話切れちゃうかも……」

一瞬、電話の向こうが無音になったと思ったら――。

「うおいっ！！！！」

航君の叫び声が聞こえました。

「どうしたの、大丈夫？」

「あ、うん、大丈夫だわ。なんでもない」

なんで大声を出したのかな、思ったものの、航君も何も言わないので、そのまま軽い会話を続けたんです。気がまぎれるような話をしてくれと言われましたからね。

私と電話を始めて三十分ほど経った頃、やはり男性は車の後ろをニコニコしながらついてきていると、航君は泣きそうな声で言うんです。

「あ、何軒か家が見えてきた！　しかも犬を散歩してる人もいる！　ちょっと、電話繋いだまま待ってて」

航君は車を停め、携帯電話を車内に置いたまま、車外に出ていく音がしました。

そして誰かに話しかけているような声が聞こえ始める。

数分後、車の扉が開く音がすると航君の声が聞こえてきました。

「今、犬を散歩している人に、変なものが車を憑いてきているって言ったら、その人真面目に聞いてくれて、近くの自宅から塩を持ってきてくれた。これ使えるならって。車の後ろにその塩を撒いたんだけど――」

車を発進させる音がして、しばらくすると、

「今、ルームミラーを確認したら、もうおじさんの姿は見えないわ」

さっきよりも声に力強さがあるので、私もちょっとホッとして――。

「よかったね。電話はどうする？」

「いやいや、家につくまで付き合ってくれ。怖いんだから」

わかったよ、とまたも軽い話をしていると、航君が不意に話題を変えました。

「さっきさ、トンネルが見えてきたから電話が切れるかもってオレが言った時のこと覚

えてるか？」

「うん。急に大きな声を出した時でしょ？」

「あの時、実はさぁ」

後ろをついてきていた男性が、突然正面からフロントガラスにぶつかってきたのだそうです。その顔は今までのように笑っていなくて――。

「それ言ったらおまえが怖がって、電話を切るんじゃないかと思って、言えなかった。でも、塩を撒いたらほんとにいなくなってよかった。でも、ほんとに大丈夫かな。ついてきてないかな」

「ああ、よかったね」

「ほんとにこのまま家に帰って大丈夫かな。ついてきてないのかな」

航君は「ついてきてないかな、大丈夫かな」と繰り返し繰り返し言っている。

私に訊かれてもわからない。けれど航君にひと言だけ、私なりのアドバイスをしました。

「あのさ『ついてくる』とか『ついてきて』とか、あんまり言わない方がいいよ。航君がそれを言うたびに、電話の向こうで変な音が鳴るよ」

イタンキ浜の記憶

北海道中南部にある室蘭《むろらん》市という、東北・北海道を代表する重化学工業・港湾都市で生まれ育った響子さん。

彼女が高校三年生の夏休み中に体験した話だ。


夏休み中盤に差し掛かった頃、響子さんは高校の仲の良いクラスメイトとのグループラインで、海でキャンプをしようという話で盛り上がった。

響子さんとしては高校生活最後の夏休みなので、みんなで思い出を作りたい、青春したいと思っていた。なので、なんとしてもみんなで海でキャンプをしたいということをグループのみんなに伝えた。

どうやらみんなも同じ考えだったらしく、あれよあれよという間に海キャンプ計画が決定したのだった。

響子さんの地元にはイタンキ浜という海水浴場があり（二〇一七年の夏を最後に現在は閉鎖）、ここは北海道のサーファーの聖地と呼ばれていたり、夏のキャンプに家族連れがよく来ていたりする場所だった。

このイタンキ浜でキャンプをしようということになった。

メンバーは男子三人、女子三人の六人。

早朝にみんなで待ち合わせをすることになった。本当は学校の決まりでダメなのだが、車の免許を持っている男子の一人が兄のワゴン車を借りて迎えに来てくれ、海水浴場へと向かった。

友達が運転する車に初めて乗った響子さんは正直なところ少し怖かったが、ちょっとだけイケないことをしているという背徳感で興奮もしたという。

目的地のイタンキ浜は車だと、住んでいるところから十分もかからない距離にあるため、車内の会話が盛り上がるよりも早く、あっという間に到着してしまった。

ワゴン車を駐車場に入れると、みんなは降りて浜辺を見渡して声を上げた。

「うわ、これテント張るところあるのか？」

駐車場から見える浜辺は、見渡す限りテントで埋め尽くされていたからだ。

とにかく荷物を運ぼうと、みんなで手分けしてテントやクーラーボックス、バーベキューコンロや、何故かすでに膨らませてある浮き輪などを降ろして浜辺に運んでいく。

ヒロムが両脇に寝袋とテントを抱えながら、空いているところがないかとキョロキョロとあたりを見渡す。

「おっ、あそこ空いてるかも」

どうやら良いところを見つけたらしく、「こっちこっち」と言いながらどんどん歩いて行く。

みんなは言われるがまま、それぞれに荷物を持ちながらテントとテントの間を縫って歩いてヒロムについていくと、海からは少し離れてはいるけれど、満潮や時化たとしても波が来る心配がない場所がポコンと空いていた。

テントを張るのにはピッタリだ！　それぞれ手に持っている大量の荷物をその場に降ろすと、男子たちは慣れた手つきでテントを立てた。

響子さんを含めた女子たちは、テントの中に寝袋や着替えなどが入ったカバンを入れて、そのまま三人とも水着に着替える。テントの外に出ると、隣にもうひとつテントが張られ、男子たちは早々にバーベキューのセットをして火を起こしている最中だった。

「俺たちまだ準備ですることあるから、響子たちは泳ぎに行ってていいよ」

女子たちはその言葉に甘えて、ひと足先に海で遊ぶことにした。

雲ひとつない青空で太陽が爛々《らんらん》と輝いている。砂浜はとても熱くなっていて素足で歩けないほどだ。

波打ち際に到着すると、太陽の照り返しが少し弱まったような気がして、少しだけ涼しい。

ザパーーーッと音を立てて、波がくるぶしより少し上のあたりまで寄せては返す。

冷たい海水が心地よい。

その後は男子たちも合流して、みんなで泳いだり、浮き輪の上に座って、ぷかぷかと海に浮かんだり、お腹が空いてきたらバーベキューをしたりと、海キャンプを満喫していた。

どれだけそうして遊んでいたのか。気が付いた時には空がオレンジ色になっていて、夕方になっている。

流石にこれ以上、海の中で遊ぶのは危ないということで、シャワールームで海水を流して皆でテントに戻った。

テントに戻ってからは日が落ちるのが早く、あたりがどんどん暗くなっていき、ついに手元が見えなくなってきた。

「ねえ、誰がランプ持っているんだっけ？」

皆のことを見渡しながら聞いてみると、ヒロムがニヤニヤしながら立ち上がった。

「ランプは俺が持っているけど、ランプを使うのはまだ早いな」

「何言ってんの。いいから早くランプ持ってきてよ」

響子さんがちょっと強めに言うと、ヒロムはさっきと同じくニヤニヤしながら、男子たちのテントの中に入って行く。

なんだかんだ言って持ってきてくれるんだと、思っていたらヒロムがテントからバックパッカーが持っていそうな大きなカバンを持って出てくる。そして中からカバンとほぼ同じ大きさの袋を取り出した。

「みんな！　海でキャンプといったら花火だろ！」

その袋の中には、手持ち花火から打ち上げ花火まで様々な花火が入っている。

狂喜乱舞とはこういう瞬間に使う言葉なのだろうというくらい、みんなで声を上げて喜んだ。この思いもよらないサプライズにみんなでヒロムのことを褒めたたえながら花火をする準備を始める。

それぞれが思い思いの花火を手に持ち、一斉に花火に火をつけた。暗闇が花火により色とりどりに照らされる。

「めちゃくちゃ綺麗だね！」「あっつ！　こっちに花火向けるなって！」

みんなで笑い合いながら次々に花火に火をつけていく。

(私、今すごい青春してるなー)

などと思いながら響子さんも花火を続けていると、少しだけ肌寒くなってきた。真夏といえども、室蘭市は夜になると気温が十九度くらいまで下がるのだ。さらには海の近くだからか、より寒く感じる。

(パーカーの一枚でも持ってくればよかったな)

みんなは寒くないのか変わらずにはしゃいでいる。

(私は寒さで体が震えてきているのに……。あれ？　いくら海が近いといっても、こんなに寒いものなの……)

やがて歯の根が合わなくなってきて、ガチガチと歯が音を立てる。花火を持つ手がかじかんで痛い。肌が凍てつく。

「なあ、なんか寒くない？」

男子のひとりが言い出した。

「あ、それ私も思ってた。なんか肌寒いよね？」

それぞれが言い始める。響子さんの寒気はそれどころじゃなくなってきていた。

「ねえ、みんな。なんか変だよ？」

そう言おうと思ったら、響子さんは急に体に力が入らなくなり膝から崩れ落ちて砂浜に座り込んでしまった。意識が朦朧《もうろう》とする。

（なんで立っていられないんだろう……この感覚、知ってる。お腹が空いているんだ）

いや、お腹が空いているどころではない。何日食事を摂らなければこんな状態になるんだろうというほどの飢餓感が響子さんを襲っていた。

（でも、みんなでお腹いっぱい肉を食べたのに、なんで……？）

「なあ、なんか変じゃない？　寒すぎるって」「うん、寒すぎて肌が痛い」……

みんなの声が遠く聞こえる。視界もボヤけ、もう上体を起こしていることもできない。

ドサッ

ついに体を自分で支えることができず倒れてしまった。

ドサッ。バタンッ。ジャリッ

みんなの声が聞こえない。ぼやけた視界の中でみんなが倒れていくのが見える。花火も次々に消えていき、あたりが暗闇に飲まれていく。

頭が働かない。声を出して誰かに助けてもらわなきゃ。動かない体を無理やりでも動かさなきゃ。

横たわったまま目だけであたりを見渡すと、白い靄のようなものがあたりに立ち込めている。

（なんだろこれ……？　そうか、私、花火してたんだ。あれ？　消火したっけ……白い靄《もや》……煙？　いや、違う。これ私の息だ。息が白くなるくらい気温が下がってる……。八月なのに？）

朦朧とした意識の中で響子さんは、自分の周りに人の気配があることを感じた。それもひとりや二人じゃなくて、何人もが囲んでいるように思える。

姿は見えないけど、気配がする。

「………！」

何かを話す声が聞こえる。

「……………！」

はっきりと聞こえるのに、何を言っているのかがわからない。

でも、怖い。悲しくて、苦しくて、怖い。

（あれ？　なんで悲しいんだろ。なんでこの声を聞いていると、こんなに辛いんだろう。あ、もうだめだ。指先ひとつ動かない。自分の体が雪くらい冷たい。真夏に凍死？）

怖くて悲しく苦しい思いの中、聞き取れる言葉があった。

「……ギ……フ……ンギ……フンギ……フンギ……」

フンギ？

そう聞こえた瞬間、響子さんの意識が途絶えた。


友達に叩き起こされ気が付いた時には、すでに朝になっていた。

砂浜で死んだように眠っていたのだった。

みんなに昨日の出来事について話してみると、その場の全員が響子さんとまったく同じ状態に陥って意識をなくしていたことがわかった。

結局、なんでそんなことが響子さんたちの身に起きたのか。「フンギ」という言葉の意味とともに、いまだにわからないという。

※

何故あの浜が「イタンキ浜」と名付けられたか、ここに記しておく。

その昔、北海道開拓時代か更にその前の時代かもしれない、日高《ひだか》沿岸のアイヌの集落の資源が尽きてしまい飢餓に襲われたという。

このままこの集落にいては全員餓死してしまう。つまり集落を捨てて新天地を目指さなければいけない。

そんな時に風の噂で絵鞆《えとも》半島（北海道室蘭市南部にある小半島）が豊漁だと聞き、日高アイヌは自分たちが生活している集落を捨て、絵鞆半島に向かうことにした。

集落から移動するにあたり、大量の荷物を持っていくことはできない。そこで日高アイヌの人たちは集落中から集めた、ほんの少しの保存食と「イタンキ」と呼ばれる、神様に捧げものをする際に使う、命よりも大切な、家宝とも呼ばれる漆《うるし》塗りのお椀をもって絵鞆半島を目指した。

海岸沿いをずっと歩き、まずは胆振《いぶり》という場所に向かった。

そして、やっとの思いで白老《しらおい》の集落までたどり着いた。白老アイヌに自分たちが今、どのような状況なのかを説明したうえで、絵鞆は噂通り豊漁なのかを聞くと、絶望的な答えが返ってきた。

絵鞆では天然痘《てんねんとう》が流行り、豊漁どころか漁は行われておらず、絵鞆アイヌの人たちも集落を捨て、山に簡易的な集落を作り、自分たちの集落の人間以外との関わりを持たないように生活をしていると教えられたという。

絵鞆に行っても意味がないかもしれない。けど、日高に引き返したとしても待っているのは全員が餓死する未来。

引き返すわけにはいかなかった。一パーセントでも生き残る可能性が高い絵鞆にかけて、進み続ける。そして、雪がちらちらと舞い始めた十一月末頃、ついにウカオップ岳（鷲別岬）の西南側の土地にまで辿りついた。

しかも、沖の方で座礁したクジラが見える。

座礁クジラは自力で戻ることは出来ない。あとは息絶え、岸に流れるのを待つだけで、日高アイヌの人たちは「これで生き残れる。絵鞆に来たのは間違いじゃなかった」と大層喜んだ。

でも、実はそれはクジラじゃなかった。今では室蘭の観光スポットにもなっている「鯨岩」を、座礁クジラと勘違いしてしまったのだった。

潮の流れからクジラが漂着するだろう浜辺に移動し、今か今かとクジラの漂着を待ち続ける。しかしそれはクジラの形によく似た岩だから、漂着するわけがない。

それでも日高アイヌの人たちは生き残るためにクジラを食べるしかなく、雪がちらつく浜辺で流木を薪にして暖を取り、手元に残ったほんの少しの保存食を食べ、何日も漂着することのないクジラを待ったという。

ついに保存食は底をつき、薪にする流木も無くなり、それでも生きるため、命より大事といわれている「イタンキ（お椀）」を火にくべてまで暖を取った。

そしてすべてがなくなった時に、飢えと寒さによって全員がその浜辺で亡くなったという。

そんな悲しい出来事からあの場所は「イタンキ浜」と呼ばれている。

響子さんたちは、そんな悲しい土地の記憶を読み取ってしまったのか、それともいまだに成仏できていない日高アイヌの方々の想いが体に流れ込んでしまったのか。

――ちなみに「フンギ」とはアイヌ語で、日本語訳すると「クジラ」である。

光の玉の正体

スリラーナイトでホールスタッフをやってくれている長崎が聞かせてくれた話。

長崎本人が話す体で読んでいただきたい。


僕、動画配信をやっているんです。

相方と二人でくだらないことに挑戦したものや、ただの雑談だけのもの、たまには真剣に企画したものだとか、ジャンルにとらわれず思いついたものは動画にしてあげています。

主に編集作業は夜中にしているんですが、その夜もいつも通り編集をして、動画を一本アップロードしました。

すると数日後から、友達や知り合いから妙なメッセージがたくさん入ってくる。

「光の球のようなものが飛んでるよ」

「変なものが映ってるよ！　オーブってやつじゃない？」

気になって動画を確認すると、確かに指摘された場面で、左側から光の球が画面に現れると、それが僕の顔に向かって飛んで来るのが映っていました。

しかし、ホコリに光が反射したものかもしれないし、怖い感じもしなければ気持ち悪い感じもしない。

何よりその動画の内容は、心霊系など怖いものを扱ったものではなかったんです。

もっとはっきりと人とかが映っていれば扱い方もあったかもしれないけれど、他の動画編集や仕事が忙しくてそのままになっていました。


それから一か月ちょっと経ってからです。

知り合いの紹介で、とある人と会うことになりました。

その方は女性でして、仮にKさんとしますが、本人曰く「霊感では無いけれど、色々と視える」のだそうです。

まったく別件の打ち合わせだったので、そんな霊的な話をするつもりはまったくなかったのですが、打ち合わせも終わり、雑談をしていた時。

「最近、何か変わったこととかなかった？」

Ｋさんが唐突に訊いてきました。

一体何を訊かれているのかわからなかった僕は、

「例えばどんな話？」

と訊き返しました。

「人間関係がうまくいかないだとか、自分しかいないはずの部屋なのに人の声が聞こえるだとか、なんか最近ついてないなとか――でもいいよ」

言われて思い返してみれば、ここ最近ついていないことが多かったんです。

仕事がひとつなくなってしまったり、財布を落としたり、他にも細かなことでついてないなぁと思うことが立て続けにあったことを思い出しました。

その流れで、配信した動画に映り込んでいた光の玉のことも思い出したんです。

「そういえば、変なものが映ってるって言われた映像があったんだけど――」

件《くだん》の動画を携帯で見せながら、

「これ。ただのホコリですよね？」

「あ、これホコリじゃないね」

Kさんは映像を確認してすぐに言いました。

「多分ここ一、二か月の話だと思うんだけど、あなたにショートカットの黒い服の女の子が憑いてるよ。この光の玉はその子だね」

「え？　今も？」

「そう。今も」


解散後、家に帰ってからすぐに今までアップしていた動画を確認しました。

すると、指摘された動画だけじゃなく他の動画にも光の玉が映っているんです。

しかも、光の玉が映っている動画すべてを確認して気がつきました。

相方と横並びの映像が多いんですが、光の玉はすべて僕の周りにだけ現れ、僕に向かって消えていくんです。

そこで初めて怖いと思いました。

そういえばと、奇妙なことを思い出しました。

車を運転中のことで、友達から着信があったので、近くのコンビニに車を駐車してか

ら電話をかけ直したら、

「あ、友達といたんだ。ごめん！　切るわ」

と言われたんです。

僕、車内でひとりきりなんです。

「ちょっと待って、俺、今ひとりなんだけど」

そう返すと友達は笑いながら、

「いいよイイよ、女の子と一緒だろ？　俺に気を使うことないって。今もおまえに笑いながらいろいろ話しかけてるだろ？　邪魔して悪《わり》い！」

そう言って電話を切ってしまった。

外の音でも拾っているのかと思ったのだけれど、時間は深夜。コンビニと言えども周りには自分以外の車はないし、人の姿もない。

他にも、光の玉が映っていると指摘された動画を撮影していた時期に、定期的に同じ夢を見ていたんです。

それは、自分の部屋全体を俯瞰《ふかん》で眺めている夢――。

自分の部屋のクローゼットの横に、黒い服を着たショートカットの女の子が俯《うつむ》いて立っている。顔は見えない。

ただそれだけの夢を、多い時には週三回も見ていたことを——。

Kさんには夢の話をしていないのに「黒い服を着たショートカットの女の子が憑いている」と的確に忠告されたわけです。


つい先日のこと。

僕の母親の家系は、寺か神社なんです。そういう血筋だからか、霊感とは違うかもしれませんが、母親は夢で未来を予知するようなことがあるんです。

過去に母親がとある奇妙な夢を見た数日後、その夢に出てきた母親の友達が交通事故で亡くなったことがあったり——。

そんな母親から「あんた、女の子に恨まれたりしていないだろうね?」と急に言われました。

「なんもないよ。どうしたの急に?」

「昨日、気持ちの悪い夢を見たんだよ。玄関から知らない女の子が勝手に上がり込んできて、まっすぐあんたの部屋に向かって行って。あんたの部屋のドアを開けて中に入ろうとした瞬間に目が覚めたんだけど——黒い服を着たショートカットの女の子に、心当たりないかい？」

そろそろ何か対策をとらないといけなさそうです。

ホテルRの怪異

　札幌を拠点に世界で活躍しているミュージシャンの堀田さんから聞かせていただいた話だ。

「ラブホテルって僕の感覚なんですけど、たくさん幽霊がいる場所じゃないですか」

と言う堀田さんが、ある夜にラブホテルで体験した話だ。


　数年前の一月か二月あたり、大量に雪が降り積もっている時期のこと。

すすきのに「R」というピンク色の外観をしたラブホテルがある。

その当時に付き合っていた彼女と、飲んだ後の深夜一時過ぎ、自宅に帰るのがしんどくなり、ホテルRに泊まることになった。

三階の部屋に入室すると、シャワーを浴び、とりあえず寝る準備をすると彼女と一緒にベッドに入った。

そして、テレビで映画を見ながら喋っていた時のこと。


ダンダンダンダンダンダンダンッ！


突然、部屋の窓が何か硬いもので叩かれたような音がした。びっくりして飛び起きて、すぐさま叩かれた窓を開けて外を見てみる。

しかしその部屋は三階で、窓の外に人が立てる場所もない。外から部屋の窓を叩くことは不可能で絶対にありえない。

雪は降ってはいるものの、何かが窓に当たるようなところではない。

怖がる彼女をなだめ、その夜はそのままそこで過ごした。

それから数か月後の四月か五月あたり。堀田さんは、違う女性とまたそのホテルに行く機会があった。

また三階の部屋だったが、それが以前に泊まった部屋かどうかはわからない。

ただ、この時一緒だった女性がとても霊感の強い人だった。聞けば、先祖代々霊感があるという特殊な家系に生まれた女性だったという。
シャワーを浴びて寝る準備をし、そのあとはベッドに入って、なぜか怖い話をしていたという。

パチッ、パチッ、パチッ、パチッ、パチッ、パチッ……

突然妙な音がしたので、二人とも部屋の様子をうかがった。しかし、部屋を見渡しても耳を澄ましても、その音の出どころがどこなのか今ひとつはっきりしない。
「なんの音だろな?」
気にはなるものの、どうすることもできない。それよりも盛り上がっていた怖い話を続けていた。

ボコボコボコボコボコボッ、ボコボコボコボコボコボッ……

風呂場から音が鳴り出した。あまりに激しく聞こえてくるので、起き上がって風呂場に行くと、湯船に湯を張るための蛇口が勝手に作動していたのだった。

停止ボタンを押して湯を止めると堀田さんはベッドに戻った。

パチッ、パチッとなり続ける音は収まらない。彼女も怖がりではないので、結局そのまま気にせず話をしていると、気づけば朝の六時になっていて、さすがに眠たくなった二人は部屋の電気をすべて消すと寝ることにしたという。


ギィー、ギィーーー、ギィー、ギィー、ギィーーー、ギィー……


うつらうつら寝かけていた耳に入ってきた音がどんどん大きくなってきて、堀田さんは目を開けた。今までとは違う音が部屋に響いている。隣では彼女が寝息を立てていた。

布団から起き上がらず目で部屋の中を見渡す。暗闇に目が慣れてきて、その音が天井に付いている埋め込み式の空調からの音だとわかった。送風口の羽根が音を立てながら動いている。

（なんだ空調か）

上半身を起こすと、枕もとの空調のボタンを探した。点けた記憶はないが――と見つけたボタンを見ると、オフのままだった。最初から空調の電源は入っていなかったのだ。天井に目をやると、ギィーギィーーと音を立てながら、送風口が全開になるのが見える。

故障かな？　と見ていると、全開になった送風口はまた音を立てながらゆっくりと閉じる。そもそも電源がついていないので故障も何も動くわけがない。開いたり閉じたりが二、三回繰り返されるとふと静かになる。

今までの現象は怖くもなんともなかったのに、何故かこの瞬間だけ堀田さんの全身に鳥肌が立ち「やばい」と直感した。

すぐにフロントに電話を掛けると状況を説明し、部屋に来てもらえないかと言った。

電話の先は若い男性の声だった。

「わかりました。電源が点いていない空調が勝手に動いているんですね」

「そうなのさ。霊的な現象なのかわからないんだけど、とりあえず来て欲しいんだよね」

「……て……う……」

「え？」

「す……う……い……す」

相手側の声が急に聞き取りづらくなった。

電話自体はフロントにつながった状態のままなのに、声だけが聞き取りづらくなり、最終的には何も聞こえなくなった。

「もしもし、もしもし」

堀田さんが何度も問いかけている最中、受話器の向こうから何やらフェードインするような形で修行僧が唱えるような勢いのあるお経が聞こえてきた。しかも徐々にその音量が増してくる。

堀田さんは、そのお経が受話器からなのか確かめるため布団に押し付けてみると、それは部屋全体に反響するかのように聞こえていて、やがて包み込むかのようにベッドの周囲に迫ってくるように大きくなっていく。

その頃には横で寝ていた彼女もびっくりして飛び起きていた。

しばらく二人で身動きできずにいると、お経を読むようなその声はまだまだ声が大きくなっていく。そして、急に声がしなくなった。——のと同時に布団に押し付けていた受話器から「プー、プー、プー」と電話の切れた音が聞こえた。

堀田さんがすぐにフロントにかけ直し、

「あのさぁ、なんで急に喋らなくなって電話まで切っちゃうの？」

と問い詰めるように言うと、フロントの男性も、

「いやいや、僕はずっと喋っていましたから喋らなくなったのはお客様じゃないですか」

と話が噛み合わない。どうやらお互いに無音になっていたのがわかった。

それでもこのままでは埒があかないと思い、やはりフロントの男性に部屋に来てもらうと訊いてみた。

「正直に言って、この部屋で人死んでる？」

「死んでないです」

「なら、このホテルでは何人死んでるの？」

「ひとりも死んでいません」

どれだけ問い詰めても「誰も死んでいない」と言い続ける。

「老朽化が進んでいるから、きっとすべて電気系統の故障だと思います」

そう言い切ると男性は「失礼します」と出て行ってしまった。

堀田さんは過去の経験から、これらの現象が電気系統の故障ではなく、霊的なものに間違いはないと思っていた。しかし今や、先ほどまでの騒がしさが嘘のようにパタリと

静かになり、堀田さんも彼女も疲れ果てチェックアウトギリギリまで爆睡をしたという。

昼前にホテルを出ると彼女と解散し、自宅に戻ったのは昼の一時過ぎだった。

その日はとても天気が良く、部屋のブラインドを全部開け、窓も全開にし、空気を入れ替えながらパソコンでメールのチェックなどをしていた。

すると突然、部屋の空気が急にどよんと重たくなり、部屋全体が一瞬暗く翳った。

あ、これは！　と思った堀田さんは、すぐに霊媒師と占い師をやっている双子の友達に電話をした。

霊媒師をやっている方に電話はつながり、ラブホテルでの一連の出来事を説明する。

霊媒師の彼は、

「あー見える見える。今おまえの隣に、そのホテルから連れてきたんだろうね、女がいるよ。でも、この距離からだと祓うことができないから、いつだか紹介した陰陽師に頼みな」

堀田さんは数年前にも霊障で悩んだことがあり、その時に紹介してもらった陰陽師にお世話になったことがあった。霊媒師の彼との電話を切ってすぐに、陰陽師に電話をしてみた。

事の顛末を伝えると、すぐにお祓いをしてくれるというので、急ぎ車で向かうことにした。

陰陽師の元で、布団に横になっていると陰陽師が突然、誰もいない空間に向かって話し始め、その様子を見ているうちにいつの間にか、お祓いは終わったという。


堀田さんにはやはりラブホテルから憑いてきた女の霊が乗っていたという。浮気を何度も何度もされて、それを苦に自殺した女性の霊。

女遊びをする男が許せないという、男に対してとても強い恨みの念がある霊で、周りにいる浮遊霊なども従わせることができるほど、強い力を持っていたらしい。

「空調の送風口の羽根が勝手に動いたと言っていたね。物を長い時間動かすっていうのは一体、二体の霊でできるようなことじゃないんだよ。その女の霊がそのホテルにいるすべての霊を従わせて、あんたに攻撃の意思表示をするために動かしていたんだ」

そこで堀田さんはひとつの疑問が浮かびました。

「女遊びをするやつなんて山ほど世の中にいると思うんだけど、なんで俺だったんですか？」

「誰でもよかったんだよ。女遊びする男を手当たり次第に取り殺すために存在していた霊なんだからね」

陰陽師はそう答えたという。

「女遊びで、まさか亡くなった女に殺されかけるとは思いませんでした」

堀田さんは懲りていないのだろう。そう言って笑った。

G稜郭公園から来た女

スリラーナイトに数回遊びに来てくれている二十代前半の雅人君は、とても明るい好青年だ。怪談やオカルトに興味があり、本人も説明がつかない体験を数多くしている。そんな雅人君が実家に暮らしていた時に体験した、気味の悪い一か月間の話をしてくれた。雅人君が話している体でまとめてみた。


僕が函館《はこだて》の実家に住んでいた時の話です。

まず家族構成から説明しますが、父さん、母さん、二歳上の姉、僕、五歳下の妹の五人家族です。

実家は函館のとある地域にあるマンションの四階にあります。

当時、僕は中学二年生で姉が高校一年生でした。

姉ちゃんは高校に進学してから悪い先輩たちと付き合うようになり、夜遊びを覚えて、なかなか家に帰ってこなくなりました。

帰ってきたとしても朝方で、少し寝たら学校に行くか、そのまま寝続けて、夕方くらいに車で迎えに来た先輩たちとまた遊びに出かける――。

父さんと母さんは「人様に迷惑をかけず、高校を卒業さえしてくれればいい」という考えで、姉を厳しく注意することはありませんでした。

むしろ、何か事件などに巻き込まれやしないかと姉のことを心配していたくらいです。

姉ちゃんが夜遊びを覚えて三か月くらい経過した八月。

夏休み期間に入ると姉ちゃんの夜遊びが更に加速し、まともな時間には全然家に帰ってこなくなりました。

これには流石《さすが》に父さんも怒って、ある日、早い時間に帰ってきた姉ちゃんにキツめの説教をしたんです。でも当時、反抗期真っ盛りだった姉ちゃんは逆ギレして、家を飛び出してしまいます。その日を境に、父さんと姉ちゃんは互いに口をきかなくなりました。

そんな父さんと姉ちゃんが喧嘩した数日後のこと。

家の中の空気が急に、なんとも言えない妙な雰囲気になりました。

自分の家なのに落ち着かないというか、胸がざわつくような——説明はしづらいけど、とにかく今までの家の雰囲気とは違う。

あと、姉ちゃんの様子が目に見えて変でした。

あれだけ気を使っていた髪の毛がパサついて目にも力がなくなり、ご飯もあまり食べない。

まさか姉ちゃん、悪い薬にでも手を出したか？　そう思えるくらい、いつもの姉ちゃんとは雰囲気が違うんです。

家の空気がおかしくなり、姉ちゃんの様子も変になってから、さらに数日後。

姉ちゃんの部屋に聴きたいCDがあったことを思い出した僕は、十九時頃に姉ちゃんの部屋の扉を、たぶんいないだろうと思いながらもノックしました。

「姉ちゃんいる？　部屋入るよ」

やはり何も応答がない。僕は姉ちゃんの部屋のドアノブをガチャッと開け、部屋の中に入ろうとします。

その時、姉ちゃんの部屋に違和感を覚えた僕は、ノブを手にして半開きのドアの隙間から部屋をのぞき込んで立ち止まりました。

夏で日が長く十九時といってもさほど暗くなく、西日が姉ちゃんの部屋をオレンジ色に染め上げています。

そのオレンジ色に照らされた姉ちゃんの部屋の中を、色とりどりの光の玉が大量に飛び回っているのでした。

「うわぁぁぁぁっっっ！」

恥ずかしながら、僕はその場で腰を抜かしてしまったんです。

僕が廊下で動けなくなっている間にも、姉ちゃんの部屋の中では大量の光の玉が飛び続けている――。

錯覚じゃない。

目の前で起きている意味不明な現象を否定するかのように、姉ちゃんの部屋の扉を閉めた僕は、腰が抜けて立つことが出来ないので匍匐《ほふく》前進のように這って自分の部屋に戻りました。

あれはなんだ？　自問自答しても答えがわからない。しばらくして落ち着くと、急に思い立ちました。

あ、そうか。あれはＭＤコンポの光だ。

姉ちゃんの部屋にあるＭＤコンポは、七色のネオンで光る仕様になっていたのでした。

でもこれは、自分が見たものを否定するための、自分に対するいいわけなんです。

だって何かに反射して光っていたわけではなく、光の玉が空中を飛び回っていたんですから。

これは姉ちゃんにはもちろんのこと、家族の誰にも言えませんでした。


その出来事以降、家に帰ってきた姉ちゃんはご飯をまったく食べなくなりました。

頬は痩せこけて、顔色は土気色、目はうつろで、十分に睡眠も取れていないのか、いつも上の空で、家に帰ってきてもすぐに自分の部屋に籠ってしまう。

一度本当に心配になって、居間で姉ちゃんと二人きりになった時に訊いたんです。

「あのさ、おまえ、悪い薬とかやってないよね？」

姉ちゃん、気だるそうに僕のことを見ながら「やってないよ」とだけ言うと、立ち上がって自分の部屋に戻ろうとしました。

「最近、様子本当におかしいし、夜遊びも酷くなってきて、家族みんな心配してるんだよ！」

部屋に向かう姉ちゃんの背中に向かって言ったんですけど、聞こえないふりをしたのか、それとも本当に聞こえていなかったのか、姉ちゃんはそのまま部屋に戻ってしまいました。

僕も自分の部屋に戻り、何が原因で姉ちゃんはあのようになってしまったんだと考えていると、ガタガタガタッ、と音が聞こえてきます。

(何の音だろう……)

聞き耳を立てていると、どうやら姉ちゃんが家から出て行ったようでした。

今、この家には自分しかいないのか。妹もそろそろ習い事が終わって帰ってくるかな?

そんなことを考えていると、何故か急に怖くなってきたんです。

何かきっかけがあったわけではなく、少しずつ慣れてきてはいたんですけど、やっぱり家の空気が異様なことを思い出しました。

それは、姉ちゃんの様子が悪化するのに比例して重たくなってきている気がしていたんです。

（あいつ、もしかして最近遊んでいる先輩と、心霊スポットにでも行ってきたか？）

やっぱりこの妙な家の空気の原因は、姉ちゃんにあるのかもしれない。

そう思った僕は自分の部屋を飛び出し、光の玉を見て以来、開けることのなかった姉ちゃんの部屋の扉に手をかけました。もしかしたら姉ちゃんの部屋に原因となるものがあるかもしれないと考えたのです。

時間は以前、光の玉を見たのと同じくらい。

まだ、外は明るいから怖くない。

そう自分に言い聞かせながら扉を勢いよく開けて――そして、すぐに後悔しました。

姉ちゃんの部屋は扉を開けた真正面に大きな窓がある。そこから以前と同じく西日が入り込んでいるのだが、その窓の外に、髪の長い女のシルエットが浮かんでいる。

家はマンションの四階で、姉ちゃんの部屋の窓の外にはベランダはないんです。つまり、窓の外に人が立つ場所はないし、女のシルエットなんて浮かび上がるわけがない。

僕はすぐに扉を閉め、家を飛び出しました。

自分が見たものを否定するかのように、忘れようとするために、人が多いところを探して街中を自転車で走り、気持ちが落ち着いた頃には二十一時を過ぎていました。

今、家に戻れば父さんがいる。父さんにさっきの出来事を伝えなきゃ。

実は父親には霊感があるんです。当たり前に霊が視えるほど、霊感が強い。普段は僕がそういう類の話をすると嫌な顔をされるためすることはないけれど、今回は父さんに言うしかない。

帰宅してすぐに父さんを自分の部屋に呼び、姉ちゃんの部屋で自分が見たものを伝えたんです。

そしたら父さん、驚く様子もなくため息をつき、言いました。

「姉ちゃんの様子が変なのも、家の空気が異様なのも気が付いていたよ。姉ちゃんの部屋の窓から家の中に入ろうとしている女のこともな」

父さんはすべてわかっていたらしい。

「なら、なんで対処してくれないの？　姉ちゃんも三週間くらいでげっそり痩せて、腕とか骨が浮き出てるじゃん。」

「自業自得だからだ。あいつ、きっと心霊スポットにでも行ったんだろ。そこから連れてきたみたいだな。大丈夫。お前が見た窓の外にいた女の霊に、姉ちゃんは殺されることもないし、招き入れない限り女の霊も家に入ってこられないから安心しろ。ほっとけばいつかいなくなる」

それだけ言うと、父さんは部屋から出て行きました。

やはりすべての原因は姉ちゃんにあったんです。でも、父さんが何もしてくれないなら姉ちゃんを責めても仕方ない。ただ、女の霊が姉ちゃんの部屋の窓から家の中に入ろうとしているのを、どうにか姉ちゃんに伝えることはできないだろうか——。

頭の中が沸騰するほど考えている時に、珍しく姉ちゃんが日をまたぐ前に帰ってきたんです。

(何か声をかけなきゃ！)

僕は部屋を飛び出した。

すると、ちょうど姉ちゃんが自分の部屋の扉に手をかけています。

「おかえりーーあのさ、ちょっと話したいことがあるんだけど」

ガリガリにやせ細ってしまった姉ちゃんが僕の方を振り返る。

「なに？　眠たいんだけど」

イラついているのか言い方に棘《とげ》がある。

「姉ちゃん、どこか変なところ行った？」

咄嗟《とっさ》に出た言葉でした。そして、僕がそのひと言を言った瞬間、力ない表情をしていた姉ちゃんが目を見開くと、目からボロボロと涙が溢れ出して——。

そして、震える声で言ったんです。

「……ねえ、なんで知ってんの？」

実は姉ちゃん、自分が異常な状態にあることに気が付いていたんです。ただ、それを認めることが怖くて誰にも相談できずにいた。そして、自分や家がおかしくなったきっかけに心当たりがあると言って、話してくれました。

夏休みが始まってすぐ、いつも相手をしてくれる先輩たち三人と姉ちゃんの四人で、函館市内にあるG稜郭公園に夜中の一時過ぎに行って酒を飲むことになった。

全員が未成年なので警察に通報されないよう、公園奥の夜になると人が寄り付かない芝生の上に座り込んだ。

どれくらいお酒を飲んだのか、酔いも回ってきた頃に姉ちゃん、トイレに行きたくなった。

先輩たちに「一緒にトイレに行こうよ」と誘っても「一人で行ってこい」と言われた

姉ちゃんは、仕方なく五十メートルほど離れた公衆トイレにひとりで向かった。

あたりは街灯が少なく、かなり暗い。芝生を囲うような形で舗装された道は明るく見えるが芝生上には街灯がないため自分の周りが余計に暗く見える。

酔いのせいでまっすぐ歩けず、フラフラしながらトイレに向かう。公衆トイレを照らす街灯に感謝をしている時に気が付いた。トイレ以外にも照らされているものがある。

公衆トイレの前に、髪の長い女性が首を下げた前かがみの状態で体をこちらに向けて立っている。

(変な人がいる!)

姉ちゃんは先輩たちにもその人を見せたいと思ったという。

「ねえ、みんなー、トイレの前に変な人がいるよー」

後ろを向いて芝生に座り込んでいる先輩たちに向かって叫んだ。でも、姉ちゃん、どうやら結構酔っぱらっていたみたいで、先輩たちも相手にしてくれなかった。

(せっかく変な人を見つけたのに)

姉ちゃん、相手にしてもらえなかったのが寂しくて、公衆トイレの前にいる女性に声をかけながら歩き出した。

「こんなところで何やってるんですかー？　ひとりなんですかー？」

すると、公衆トイレの前にいた女性が、姿勢は首を下げた前かがみのままで、左腕を頭の上まで上げるとゆっくりと下げる、という動作を繰り返す。


ぶらん、ぶらん、ぶらん…


何度も左腕を上げては下げる。

普通なら気味が悪いと思うところ、姉ちゃんは酔っぱらっていたから、その動きが妙にツボにハマったらしく、ゲラゲラと笑いだした。

そして笑いながら「やっぱりあの人変だってー！」と先輩たちに大声で伝えると、やっと皆、姉ちゃんの方を向いてくれた。

すると、姉ちゃんの方を見るや否や、二人の先輩が立ち上がり全速力で姉ちゃんに駆け寄ってきた。

「おまえ、なんてもんに話しかけてんだ！　あれは人間じゃねえぞ！」

そう言って姉ちゃんの腕を掴むと、公衆トイレから遠ざかるように歩き出した。

姉ちゃんが一緒に遊んでいた先輩たち三人とも、実は霊感がすごく強かったらしい。

「あれはマジでヤバイ！　早く離れるぞ」

「なにアレ？　あんなの笑えないじゃん」

「早く逃げるぞ！」

焦って帰ろうとする三人の先輩たちの様子も、酔っている姉ちゃんからしたら面白く見えて、姉ちゃん、ちょっとした悪戯心で「幽霊さーん、また今度ねー」と変わらずこっちを向いて腕を振り続ける髪の長い女に言った瞬間、先輩たちに口を塞がれた。

「何考えてんだ！　世の中には絶対に話しかけたらダメなモノがいるんだ！　ついて来られたら助けられねえぞ！」

今まで見たことのない怯えているような表情で注意をされ、その後、家に送り届けてもらったという。

ひと通り話し終わった姉ちゃんは、がたがたと震えながら僕を見つめました。

「ねえ、先輩の言ってた幽霊ついてきたのかな？　でも、私、幽霊って知らなかったんだもん。私、死んじゃうのかな？」

そんな状態の姉ちゃんに、その髪の長い女が部屋の窓の外にいて、家の中に入ろうとしていたるなんて言えるはずもなく、ただただ「大丈夫」と何度も言うしかできなかったんです。


それからまた数日経った、ある晩のこと。

姉ちゃん以外の家族でテレビを見ている時、妹が「トイレに行ってくる」と言って居間から出て行ったんです。

キャーーーーーーッ！

直後、妹の悲鳴が廊下から聞こえました。

すぐに向かうと、妹がこっちに走ってくる。

「なんかいた！　今、トイレの前になんかいて、お風呂場の方に入って行ったの！」

父さんと母さんも廊下に出てきて、妹を宥めるんです。

「大丈夫。きっと何もいないって」

父さんが風呂場を見に行きました。

トイレはリビングの扉を開けた廊下の突き当たり右側にある。風呂場はトイレの反対側。廊下突き当たりの左側です。

「何もいなかったよ。何か見間違えたんじゃないか？」

父さんが風呂場から戻ってきて、妹の頭を撫でました。

「ほんとに？　ほんとに何もいない？」

「大丈夫だよ。今日はもう寝よう。ほら、寝る準備をして」

母さんが妹を寝室に連れて行く。

でも僕は父さんの言葉を信じられなかった。何故なら、僕も妹の言う何かを見たことがあるからです。

姉ちゃんから話を聞かせてもらった次の日から、今までよりも更に家の空気が重たくなっていたんです。家にいるだけなのにずっと怖い。何かが見えているわけでもないのに、家にいるということが怖くなりました。

でも父さんは「招き入れなければ入ってこられない」「ほっておけば、いつかいなくなる」と言っていたから、僕は気にしないようにしました。

だけど、きっとあの髪の長い女は家の中に入ってきているんです。

僕もトイレの前から風呂場に入っていく、四つん這いの黒い影を見たことがありました。一瞬、こっちを見て、体を引きずりながら、風呂場に入っていく黒い影を。

妹と母さんがいなくなってすぐ父さんに、僕も黒い影を見たことを伝えました。

父さんは一瞬、表情を曇らせた後「大丈夫だ、気にするな」とだけ言って居間に戻っていきました。父さんの背中が何故か小さく思えた。

本当に大丈夫なのだろうか。不安感と恐怖心で押し潰されそうでした。


その次の日、事態は急変した。

朝早くから父さんが僕の部屋に入ってきたんです。僕の目には父さんが焦っているように見えました。

「ごめん。大丈夫だと思ってたんだ。でも、あれはダメだ。すぐにでもお祓いをしよう。父さんが昔、霊が見えすぎて苦労していた時に助けてくれた人がいるんだ。連絡はしてあるし、今朝、姉ちゃんも帰ってきている。今日中にお祓いするぞ」

父さんの様子を見る限り、きっとあの後、何かがあったことは明白でした。

でも僕が何度聞こうが。父さんは教えてくれませんでした。

その数時間後、父さんがお世話になったという六十代の女性がやってきて、家の中をお祓いしてくれたんです。

お祓い中は変な現象が起きるようなこともありませんでした。でも、お祓いが進むにつれて家の空気が軽くなるのを感じました。

「非常に強い霊がいました。この世のすべてを憎んでいるような霊です。手遅れにならなくて本当に良かった。娘さん、あなたがG稜郭公園から連れてきたんです。これに懲りたのならば、もう二度と怪しいところには行ったらダメですよ」

後日、G稜郭公園の公衆トイレについて、何か知っていることがないか友達や先輩、学校の先生に聞いてみたところ、姉ちゃんが行った公衆トイレで女性が殺されたことがあったとか。

帰り道のW緑地

僕（匠平）が整骨院の先生をやっていた頃のこと。四十代の男性の患者さん。森本さんから聞かせていただいた話だ。

森本さんの奥さんの美智子さんは霊感がとても強いのだという。

例えば、家で夫婦と子供二人で夕食を食べていたら、美智子さんが部屋の隅に目をやった途端「うわっ！」と叫んだりする。

森本さんも美智子さんが見た場所を見ると、確かに、なんだか暗いような空気が重たいような、妙な感じがする。小学生の子供たち二人も、母親がそんなことを言うのはよくあることなので、今更「どうしたの？」などと聞くこともない。

食事が終わって子供たちがそれぞれの部屋に行った後、森本さんが「部屋の隅に何がいたの？」と訊くと、美智子さんは「男の子が立ってて、私のことをずっと見ていた——何か言いたかったのかな」と、さも普通のことのように言う。

他にも、買い物に一緒に行った時、道の途中で、地面を見ているのか遠くを見ているのか、なんとも言えない表情をしているから「どうしたの？」と訊くと、美智子さんはため息をつきながら「そこに腕が潰れた血まみれの男性が倒れてて」と言ったりする。

また、結婚する前の話で、富良野《ふらの》や美瑛《びえい》を旅行で回っている時に、パワースポットと言われている神社に行った時のこと。

その神社の敷地内には池があり「池の鯉は神様のものです。絶対に餌をやらないでください」と立て看板があった。

すると美智子さん、「あの池すごい。よくわかんないのがいる……」と顔をしかめる。

「どんなのがいるの？」

「ごめん。うまく説明できないんだけど、大きくて丸くて色が変わる何かがいる。でも、霊じゃない。神様なのかな？」

ちょっと離れたところから二人で池を見ていた。森本さんも目を凝らすが何も見えない。

そうしたら四、五歳くらいの子どもが池の方へと走って行って中を覗き見た。

「あっ！　青と緑の中間みたいな色になった！　優しい感じがするから多分アレ、子供のことが好きなんだと思う」

へえ、そんな風に見えるんだと森本さんが妙な感心をしていると、その子どもが親に呼ばれて立ち去っていく。そのあとにやってきた中年の夫婦らしき人たちが、自分たちの荷物の中から何かを取り出すと池の中へと放っている。スナック菓子みたいなものを鯉にやっているのだ。

美智子さんが急に池から視線を外すと、奥のほうへ早足で歩きだす。

「どうした？」

「ヤバい……あの夫婦かカップルかわかんないけど、アレのこと怒らしたみたい。色が真っ赤になってトゲトゲした触角みたいなのが、たくさん出てきてた。あの二人、危ないと思う」

でもどうしてあげようもないし、池に餌をやるなって書いてあるのにやっているあの人たちが悪いんだし――。

そんな風に、美智子さん本人にも説明がつかないものがしょっちゅう見えるというのだ。

最近のこと。

森本さんは運動不足から体重が増えてきたことを気にして、仕事場から帰る道を少し遠回りして歩くことにした。

札幌市厚別区《あつべつ》にある「W緑地」という、二里川と住宅地に挟まれた小さな緑地公園がある。そこを抜けて帰ることにしたのだ。

本格的なウォーキングとは程遠いが、毎日少しでも長く歩こうという魂胆だ。

帰宅コースを変えて三日目の夜のことだった。

家の玄関のドアを開けたら、目の前に眉間にしわを寄せて睨みつけるように美智子さんが仁王立ちになって森本さんを見ている。

「え？　どうしたの？」

思わず、何か怒らせるようなことをしたかなとビビる森本さんに、

「あんた、最近どこを通って帰ってきてるの？」

帰り道のこと？　と頭をひねりながら答えた。

「どこを通ってって、ダイエットのために駅から普通に歩いて帰ってきてるよ」

「三日くらい前から、あんた、毎晩変なのを後ろに憑けて帰ってきてるんだけど、今日

のはさすがに勘弁ならないわ」

帰宅コースを変えたことを美智子さんに伝えていなかったと森本さんは気が付いた。

「今日は、あんたの腰に痩せ細った女が絡み付いてるよ。昨日も一昨日も変なの憑けて帰ってきたなと思っていたんだけど」

「帰り道を三日前から変えて、ちょっと遠回りしてたんだけど――」

「どこを通って帰ってきてるのか見てあげるから、これから連れて行って！」

腰に絡み付いているという女のことが気になったが、美智子さんの圧に負けて、車で家から職場までのコースを走らせることにした。走り出して数分、突然、美智子さんが「あそこ！　横切って帰ってきてるでしょ！」と指をさした。

「W緑地」だった。

「あんな場所を通って帰ってきたらだめだよ。あそこは半分あの世、霊の巣みたくなってる」

美智子さんによると、動物霊、浮遊霊、地縛霊、霊なのかもわからないモノ。そんなのが緑地内にひしめき合っているという。

帰宅後、美智子さんに、

「そういえば腰に絡み付いてる女って――離れたのかな？」

と聞いてみると、

「離れてないけど、飽きたら勝手に離れるからほっといても大丈夫だよ」

と言われ（離れてないのかい！）とは思ったものの、美智子さんの言うことだからと思い、そのまま就寝することにした。

その日の明け方近くのこと。

森本さんは寒くて目が覚めた。季節は十一月中旬、限りなく冬に近い秋ゆえに明け方は気温も下がる。

嫌な季節がきたなぁと思いながらもうひと眠りしようと目を閉じると、布団の中で足に何かが当たることに気が付いた。なんだこれ？　そう思いつつ、足で触って確認すると、それは「足」だった。

美智子さんとは同じ部屋ながらベッドは別にしている。でも寒いから、自分が寝ている間に嫁さんが布団に入ってきたんだ、と思った。

美智子さんは冷え性で足がすごく冷たい。今足の先で触っている「足」も冷たい。暖めてやるかと思って、足で美智子さんの足を摩りながら、顔を上げて見ると、隣のベッドに美智子さんが寝ている。

「え？」

そしたら布団の中の足は誰の？　と思った瞬間、何者かの手が森本さんの腰を締め付けて足を絡ませようとしてくる。

「うわぁぁ！！」

声を出して布団の中で足と手をバタバタとさせていると、ふと、絡みつくような感触が消えた。

「おい！　おい！」

森本さんはベッドから転がり落ちると、こんなに暴れたのに起きもしない美智子さんを無理やり起こして今起きたことを話した。

「気持ち悪いけど、憑いてるから仕方ないよ。お風呂にお湯を張って塩と日本酒入れて浸かっておいで――もしかしたらそれで離れるかもよ」

それだけ言うと背中を向けてまた寝てしまった。

森本さんはひとりで風呂に入るのも気味が悪かったが、仕方なく美智子さんの言う通りにして湯船に浸かった。

すると、湯船の中でみるみる体が軽くなっていくのがわかる。

いつの間にか取り付けられていた重りが体から外れていくかのよう。

すっかり気分もよくなった森本さんは、三十分ほど浸かったあと、湯船の湯を抜いた。

排水溝に流れていくお湯の色がなんだか違う。何かが浮かんでいる?

森本さんはド近眼で実は眼鏡を外すとあまりよく見えない。見えないその目で確認しようと、湯の中に手を入れてそれをすくって後悔した。

五十センチもの長い黒髪が、大量に手に絡みついたからだ。

護ってくれている

愛子ちゃんはとある町で、学生時代に一人暮らしをしていたという。

住んでいた部屋は一階、一般的な1LDKなのだけれど、なぜか不自然なところに勝手口があった。

その勝手口を開けても、べったり隣接しているアパートの壁が見えるだけで、そのドアから出ることも入ることもできない。

この部屋を内見した時、確かにこの勝手口が気にはなったものの、使うこともないだろうし（というか使い道がない）タンスなり棚なりを置いてしまえば特に問題はないだろうと思い、家賃の安さにひかれて住むことにした。

愛子ちゃんにはひとつ、趣味があった。

それは観劇をすることで、休みの日にはあちこちに様ざまな劇団の舞台を見に行っていたという。

そんなある時、ライオンが主役のミュージカルを観に行って、その世界観や演出に心を奪われた愛子ちゃんは帰り際にグッズコーナーに寄り、この感動を忘れないようにと主人公のライオンのぬいぐるみを買った。

愛子さんは家に帰ってから、今後、宝物になるであろうライオンのぬいぐるみをどこに置こうかと部屋を見渡しながら考えた。どうせなら、自分の視界に頻繁に入るところがよいと思って、リビングの本棚の上に置いてみた。

愛子ちゃんにとって、このライオンのぬいぐるみは本当に大切なものになっていく。

一人暮らしで寂しい時もあったが、ぬいぐるみを家に迎え入れてからは「帰ったらぬいぐるみが居てくれるから大丈夫！」とポジティブに考えるようになり、楽しいことや嬉しいことがあった時はまるで人間を相手にするようにぬいぐるみに話しかけたのだ。

そんなある日、愛子ちゃんはずっと気になっていた男性を家に招いた。

相手の男性も愛子ちゃんのことを好きだったみたいで、二人は付き合うか？　という一番楽しい時期のことだった。

その男性が愛子ちゃんの家にきてリビングに入った時のこと。

ライオンのぬいぐるみを見た途端、何か怖いものでも見たような表情を浮かべた。

そして愛子ちゃんに、

「このぬいぐるみ、なんかよくわかんないけど俺、嫌だわ」

と言い捨てた。

(こんなに可愛いし大切にしているのに、なんでそんなひどいこと言うんだろう)

自分がとても大切にしている物を「嫌だ」と言われたことがショックで、その後は話も盛り上がらず、男性もすぐに帰ってしまった。

その日を境に、あんなに気になっていた男性のことなどどうでも良くなってしまい、いつの間にか連絡もしなくなった。

それからしばらくのこと。

バイト先で愛子ちゃんの後輩の女の子が唐突に話しかけてきた。

「先輩、家にライオンのぬいぐるみありますよね?」

(ん？　この子にそんな話したっけな)そう思いつつ、自分の大切にしている大好きなぬいぐるみのことなので、うれしくなった。

「そうなの！　すごく好きで、今度バイト先にも連れてこようかと思ってるくらい！」

すると、後輩は真剣な表情になり、

「先輩、そのぬいぐるみ、絶対に今置いてある本棚の上から動かしちゃダメです」

と言う。

なんで後輩が、本棚の上にぬいぐるみがあることを知っているのだろうかと訝しく思うのと、後輩がまだ何か言いたそうだったので、ここで色々聞くよりも家に連れて行こうと思った。その場でバイト終わりに家に来てもらえるように頼んだら、後輩は嫌な顔をせず快諾してくれた。

バイト終わり、後輩は愛子ちゃんの家のリビングの扉を開けるなり、

「あのぬいぐるみですね」

とまっすぐライオンのぬいぐるみを指さした。

そして言う。

「先輩、本当に大切に愛情を持って、あのぬいぐるみと接してきたんですね。ぬいぐるみも先輩のことが大好きで先輩のこと守ってくれていますよ。その証拠のひとつとして、先輩に危害を加えてくる人と縁を切ってくれています」

愛子ちゃんの脳裏にあの男性の顔が浮かぶ。

「先輩に言おうか迷ってたんですけど——先輩が気になっていたあの男の人、私の友達と繋がってて、教えてもらったんですけど、現在、七股しているんですよ」

気になっていたあの男性は、とんでもない遊び人だったというのだ。

愛子ちゃんはびっくりした。

それから——と後輩はまだ続ける。

「勝手口の向こうに、良くないものがたくさんいますね。隙あらば勝手口から入ってきて先輩に悪さをしようとしています。それをこのぬいぐるみが入ってこないようにと見張ってくれています。だから、この家を引っ越すその瞬間まで、この場所から動かしてはダメなんです」

ライオンのぬいぐるみが置いてある本棚は、勝手口の真正面に位置している。偶然なのか、ぬいぐるみの意思だったのか、ぬいぐるみ自体が勝手口を正面に構える形で置いてあったのだ。

愛子ちゃんは実家に戻った今でも、そのぬいぐるみを大切に持っているという。

洗濯ネットを揺らすのは

スリラーナイトの元従業員で、俺の小学校からの友達の健太郎は、札幌市内のワンルームマンションに一人暮らしをしている。そんな健太郎から聞かせてもらった話。

健太郎の話した雰囲気を楽しんでいただきたいため、喋り口調をそのままに怪談収集のリアルを感じていただきたい。

そんな頻繁に怖いことが起こるわけじゃないんだけど、最近、俺の部屋がおかしいんだよね。

去年ほどじゃないけど今年の夏も札幌は暑いからさぁ、ここ数日ずっと部屋の窓は開けっ放しなんだよ。最近はエアコンが付いている家も多いけど、俺の家はエアコンが付いていないから窓を開けるしか部屋を涼しくする手段がないんだよ。

でもうちの部屋は、窓を開けてもあんまり風の通りは良くないんだけどね。ベランダがないから、部屋の中の窓のところに物干し竿があってそこに洗濯物を干しているのもあって、窓をいつも開けてるわけ。

物干し竿に三段式の物干しネットを引っ掛けてて、その全部の段に、洗濯した靴下やパンツを大量に載っけて干すの。

三日前、溜め込んだ洗濯物を干してたんだわ。Tシャツとかタオルはハンガーにかけて、大体十足以上の靴下と十枚以上のパンツは物干しネットの上に隙間なく載せてさ。

洗濯も終わり、ちょっとテレビを見ていたら、その物干しネットがぐわんぐわんと不自然に揺れているのに気が付いた。

いつものごとく風は全然入ってこないんだけど、なぜかその物干しネットがぐわんぐわんぐわんぐわんと揺れてるんだよ。

パンツと靴下といっても洗濯したての濡れている物が大量に載っかっているし、竿に引っ掛けるための金具の部分だとか含めると結構な重さがある。

それでも風が入ってきてるのかなと俺も思ったんだけど、物干しネットの横にハンガーで干してあるTシャツだとかタオル類は一切揺れていない。

俺、なんで揺れてるのかが不思議で、物干しネットをずっと見てたんだ。

その時タブレットで音楽をずっと流してたんだけど、二曲をフルで聴き終わっても、揺れは一定の間隔で途切れることも小さくなることもない。

ぐわんぐわんと揺れ続けている。

何か変なものが見えるわけでもないし、なんだったら物干しネットが揺れてるだけだから怖くもないんだよ。

いつから家の中でこんな変な現象が起こるようになったんだろうって、揺れる物干しネットを見ながら、きっかけになりそうな出来事を思い出してたんだよ。

それで色々考える中「そういえばアレを見てからだなぁ」っていう心当たりがひとつだけあった。

ひと月ぐらい前だったと思うんだよ。

俺、自分の部屋の中で変なモノを見たんだよね。

いや、もしかしたら見間違いだろうなぁっていうのも、頭の片隅にはあるんだよ。だけど「きっかけ」っていったらそれしか思いつかなくて。

その日はさ、仕事が夜からだったから部屋の中にいたんだけど、なんとも言えない天気だったんだよ。晴れとも言えないし、曇りとも言えないし、太陽が出てると思ったら雲に隠れて、薄暗くなったかと思ったらすぐに明るくなって。部屋の中が薄暗くなったり明るくなったりを繰り返す。

それで太陽が出て明るくなった時のこと。

うちの家にはマンション備え付けの温風ヒーターがあって、その上にテレビを置いてある。そのストーブとテレビの後ろは窓で、その窓に洗濯物が干せるようになっていて、三段の物干しネットをかけてある。

そうしたらヒーターとテレビの後ろの窓との隙間、その物干しネットをかけるあたりに、小太りのおじさんが立っているのが見えた。服を着ているかどうかはわからないんだけど、シルエットがはっきりと見えたんだよ。

窓を塞ぐように小太りのおじさんが立っている。

全然怖くなかったし、見えた瞬間、俺笑っちゃったんだけどね。

多分だけど、あのおじさんを見た日から変な現象が家で起きるようになったんじゃないかなと思う。

あの場所におじさんが立っているから、物干しネットが揺れるんじゃないかな。

小太りのおじさんが、俺のパンツとか靴下が載ってる三段式の洗濯ネットを揺らしてると思うんだよね。

K小学校に今もいる

比較的、暇な時間にひとりで来られたお客様がいた。スリラーナイトはおひとり様は珍しくはなく、ひとりで来られたお客様には手が空いているスタッフが話しかけに行くことが多い。その時は僕の手が空いていたので、話しかけに行った。

二十代前半で、ほなみさんという名前のとてもハキハキ喋る元気な女の子。でも、その来店理由に驚いた。

自分ひとりでは抱えきれないから、私の周りで起きている奇妙な体験を聞いてくれというのだ。

僕は是非とも聞かせてくれないかと頭を下げた。

すると、

「怪談自体は好きなんですよ」というほなみさん。でも、人に話したことはないから、上手に話せるかわかんないんですけど——と言いながら、この話を教えてくれた。

ここからはほなみさんの語り口調をなるべく忠実に再現してまとめたものである。


私、実家が札幌の北区にありまして、今現在も実家暮らしなんですよ。

私が通っていたK小学校は実家から徒歩七分ぐらいのところにあって、今はその小学校の斜め後ろにある保育園で保育士をしています。

そこの保育園で去年、ゼロ歳児の担任をしていたんですね。その子たちが今年一歳になって保育園に通っているんですが、私は今年は担任ではないんです。だけど、元担任として、子どもたちとは仲が良いんです。

その子たちがゼロ歳だった去年の夏のことです。保育園では毎日の散歩に行く時、子供たちを専用のカートに乗せて担任が連れて行くんです。

ひとり、とても私になついている女の子がいました。

その子はNちゃんっていうんですが、小学校の前を通ると「うう、いやぁー、あー、ままー」と楽しそうに声を上げ、校庭に向かってすごい勢いで手を振ったり、カートから身を乗り出して校庭の方を一生懸命見ようとしたりするんですよ。

何に興味を持ったのかなあと思って、Nちゃんが見ている方や手を振っている方を見るんですが、いつも誰もいないし、何もないんです。

時間は朝の九時とか十時くらい。

小学校では一時間目か二時間目の最中だと思います。体育の授業をしているわけでもないので、生徒の姿はどこにもないんです。

最初は特に気にしなかったんですけど、毎日同じコースを散歩するから、その子がいつも同じ方向に向かって、声を上げたり手を振っていることに気がついたんです。

決められた散歩コースですから変更するわけにはいかないし、なんだろうなあと思いながら過ごしていました。

私にとってはなんてことのない毎日なんですけど、子供の成長ってとても早いんです。

体も大きくなりますし、自我も芽生えて、言葉も覚えるんです。

意味のない声をあげていたNちゃんも、少しずつ意味を持った言葉を使うようになっていきます。

「えいやー、いるえ」とか「うごいねー、うごい」とか、何を言ってるかわからないけど、発音が単語っぽくなってきたんです。

ついこの間、久しぶりに、Nちゃんと一緒に散歩に出かけたんです。

さっきも言った通り、私は今年一歳の担任ではないんです。でもコロナの関係で保育園に通っている子の人数が少ないから、年齢関係なく見ているんですね。

そろそろ二歳になるNちゃん、やっぱり小学校の前のいつものところで、校庭の方を見ながら声を出したんです。

「えいちゃー、いるね」

いるね？　何かいるの？

そう思って、校庭の方を見まわしても、やっぱり何もいません。

そして先日、Nちゃんを連れて散歩に行った時のこと。

小学校の前を通ると、いつも通り同じ場所で嬉しそうな顔をしてNちゃんは校庭の方を見て手を振っています。

と思ったら、急にクルッと私のほうに振り返ったんです。そして、

「おねえちゃん、いるね」

ハッキリと言ったので、私はびっくりしました。

「え？　なにが？」

思わずそう答えて、校庭の方を見たんですが、誰もいない。

Nちゃんはまたも私に背を向けて手を振っている。

「くろいねー、くろい！」

それを聞いて、私ずっと「うごいねー」は「すごいねー」と言ってると思ってたんですけど、気が付いたんです。

あれ「くろいねー」って言ってたんです。


おねえちゃん、いるね。くろいねー。

お姉ちゃん、居るね。黒いねー。


Nちゃん、毎日毎日同じ場所で、同じ方向に手を振りながら、同じ言葉を繰り返していたんです。

しかも、そのNちゃんの目線とか手の振り方を見ていると、どうもNちゃんの言う「黒いお姉ちゃん」は、だんだんとこちらに近づいてきているみたいなんです。

その小学校には私も通っていたんですが、五年生の時にあった、とある出来事を思い出しました。

放課後、六年生の卒業式のため、体育館の飾りつけの手伝いを五年生たちがしていたんです。

それが終わってから、同級生の男の子たちと校庭で遊ぼうということになって。

卒業式の時期の北海道は雪がめちゃくちゃ積もってますから、

「かまくら作ろうぜ」

と、男の子たちはすごい勢いで体育館を飛び出し、校庭に走っていくんです。

私もあわてて靴を履いて校庭に行こうと思ったら、

「ほなみ‼　こっち来るな‼」

校庭から男の子たちが大声で叫んでいる。

「え、なんで?」

そう返すと、

「誰か死んでる!」

「え?」

「ほなみ、すぐに先生呼んできて！」


私の通っていた小学校の職員室は二階にあって、窓からは校庭が見渡せます。

卒業式の準備も終わって、先生たちは職員室にいるだろうと思った私は、男の子たちから離れたところから二階に向かって「せんせーい！」と叫びました。

すぐに職員室の窓が開いて「どうした？」と先生方が顔を出します。

「わかんない！　けど、みんなが、死んでるって」

「何言ってんの？」

男の子たちがやってきて叫びます。

「校庭に女の人が倒れているんだけど、たぶん死んでるんだよね！　とりあえず、すぐに先生来て！」

それを聞いた先生方が、血相変えて飛んできました。

結局、私は見ていないんですけど、本当に女性が校庭内で死んでいたんです。

小学校の裏が警察署なんですけど、そこからすぐに警察官が学校に来て、現場をブルーシートで囲ったりなど、大きな騒ぎになりました。

遺体を見たという男の子たちに「どんな女の人だったの？」と聞いてみたら、「紺色の服を着た髪の長い若い女性」がうつぶせで倒れていたそうです。

そこから考えるに、ですよ。

一歳のNちゃんが言っていたあの言葉。

「お姉ちゃん、居るね」

「黒いね」

きっと、その女性のことを言ってると思うんです。

ローカルアイドルのガチファン

歌の講師をやっている大島さんの教え子に、アイドルをやっている女の子がいる。

仮にCちゃんという、そのアイドルの子から聞いた話だという。


アイドルというのは、実は本当に大変な仕事である。アイドルができる年齢というのはとても短い。その短い期間で、成果を出して売れないとダメなのだから。

Cちゃんは札幌出身で、地元でローカルアイドルとして活動していたものの、なかなか成果を出すことができなかった。自分の年齢を考えた時に、最後の最後は活動拠点を東京に移して頑張りたいと思っていたという。

そしてついに決心して、上京して最後の勝負をすることにした。

札幌卒業ライブの日が決まり、当日は今まで応援してくれていたたくさんのファンの人たちが集まってくれて大いに盛り上がったという。

しかし、ライブに来ているファンの中にひとり、ちょっと要注意な中年の男性がいた。彼はCちゃんの熱心なファンで、いつもライブで売れ残ったグッズを最後に全部買ってくれたりするのだが、ライブ会場で他のファンの人と揉めたり、少しストーカー気質があるようでCちゃんのバイト先に現れて問題行動を起こして店を追い出されたりするようなことがあった。

ところが卒業ライブということもあったのか、男性は会場でおとなしくライブを聞いて帰っていった。

それから数日後、Cちゃんは上京し、東京でもローカルアイドルとして活動していたものの結局は売れず、気がついたら二十代も半ばになり、今後の人生を考えてアイドルを完全に卒業することに決めた。

Cちゃんはアイドルを辞めても札幌には帰らず、そのまま都内で就職して一人暮らしをしていた。

そんなある日、仕事が終わって夜の七時ごろに、自宅に向かって帰る途中のこと。駅からの道すがら、誰かにつけられているような気配がした。

周りを見渡しても自分をつけているような人は見つけられない。

だけど、その誰かにつけられているというような感覚が数日続いた。

そしてある時、人通りの少ない夜道を歩いている時にまた、絶対誰かにつけられているという感覚を覚え、勇気を振り絞って後ろを振り返った。

するとそこには札幌にいるはずのグッズを全部買い漁る、あのガチファンが立っている。十メートルくらい後ろに立って、こっちをじーっと見ていた。

やばい、あいつだ！　と思って全力で逃げだす。

呼吸もままならないほど走り続け、後ろを確認する余裕もなく自宅に飛び込んだ。

家に着いてからすぐに、札幌で一緒にアイドル活動をしていた仲の良いWに電話をした。

「久しぶり！　あのさ、一緒にアイドルやっていた時のファンで売れ残ったグッズを全部買い占める中年の男の人覚えてる？」

するとWは「覚えてるよ」と言う。

なら、話が早いと思った。

「実はここ最近ずっと誰かにつけられている感じがしていて、今日そのガチファンにめちゃくちゃ似てる人を見たんだよね。あのガチファン、こっちに来てる可能性ってあるかな？」

「絶対にそれはないよ」

Wはあっさりと否定する。

「似ている」という表現を使ったけれど、間違いなくそのガチファンだったから「本当に本当にありえない？」と、Cちゃんはしつこく食い下がった。

「大丈夫だよ！　絶対にありえないって。だってその人――」

死んでるもん。

「だから、絶対にいないから大丈夫だよ」

Wが言うには、そのガチファンは、Cちゃんが上京してすぐに交通事故で亡くなっていたのだという。

魂だと思う

友達数人と居酒屋で飲んでいる時に「匠平さんですよね？」と隣のテーブルのお客さんから声をかけてもらった。四十代の男性で、偶然テレビ番組で僕のことを見たらしく、それをきっかけに怪談に興味を持ってくれたのだという。

洋治《ひろし》さんというその方は、怪談に興味を持ったのは最近だが、昔から実家では不思議な現象に遭遇しており、その原因は姉にあると言って話してくれた。

ここからは洋治さんが話してくれている体で読んでいただきたい。

俺の二つ上の姉ちゃんが、ちょっと変わってるんですよ。

よく言えば天然。悪く言えば馬鹿なんですけど。どうやらうちの姉ちゃん、霊感があるみたいなんです。

よくよく思い返してみれば、小学生の頃から姉ちゃんは少し変わっていました。

学校から帰ってきて、夕方一緒にテレビを見ていると、急にベランダの方を見て「火の玉が飛んでる」と言ってみたり、俺のことを見て「風邪ひくんだ」と言ったり。確かに次の日には俺が熱を出したり――。

あ、他にもありますよ。

晩御飯を食べ終わった後、自分の使った食器を片付けた後、しばらくするとまた台所に行って茶碗にご飯をよそったんです。

「何してるの？」

その茶碗を玄関先に置いた姉ちゃんを不気味そうに見ながら母さんが訊くと、

「小人さんがお腹空いたって言うからあげたの」

当たり前のことをしているんだ、とでもいうような返事をする。

姉ちゃんの好きにさせとけって、父ちゃんもいうのでそのまま茶碗を放置しておくと、翌日の朝見ると白飯がなくなって茶碗がカラになっている。

幼い頃は「姉ちゃんすげえ」と思ってました。

でも、成長するにつれて「うちの姉ちゃんは普通じゃない。普通じゃないばかりではなくオカシイ」のではと思うようになりました。

そんな姉が高校三年生、僕が高校一年生の時の話です。

母方の祖母ちゃんが亡くなり、お葬式に行った時、母さんと父さんは片付けが残っているからと、俺と姉ちゃんが一足先に葬式会場をあとにしたんです。

家に向かって歩いて帰っていると姉ちゃんが「やっぱり死ぬ時って光の球が体から出るんだねえ」と言ってきました。

僕はなんのことかわからなくて「え？」と聞き返したんです。

「え？　じゃなくて。お祖母ちゃんが息を引き取った時にさ、お祖母ちゃんの胸から光の球がポッて出たでしょ？」

姉は当たり前のことのように続ける。

「あれが魂なのかな？　見えてた？」

「いや、そんなの見てないけど」

「そうなんだ。ヒロくん、お祖母ちゃんの光の球は見れなかったんだね」

何かその言い方が引っかかりました。

「お祖母ちゃん『の』ってどういうこと？」

僕がそう返すと、姉は「え？」みたいな顔をして言います。

「小学生の時にお祖父ちゃんが亡くなった時も、光の球が胸から出たじゃない？　その時、ヒロくんはお祖父ちゃんの横にいたから見てたでしょ？　あと、中学生の時にお祭りで買ったカラーひよこが死んじゃった時も、光の球が胸あたりから出てきたよね？　あの時のひよこ、ヒロくんの手の中で息を引き取ったから、光の球が出る瞬間見れたでしょ？」

僕は、そんな光の球を一度も見たことがない。というか、普通見えないですよね？　けれど姉ちゃんの口ぶりからすると、生き物が息を引き取る瞬間には光の球が体の胸のあたりから出ていくのを普通のことだと思っているようなんです。

僕の返事は何も聞かず、姉ちゃんは言いました。

「やっぱり、あれが魂だと思うんだよな」

僕にはそんな変わった姉ちゃんがいます。

夏休みの夜遊び

友達と二人、居酒屋に飲みに行った時に隣の席の男性二人と意気投合し、一緒に飲むことになった。

二人とも三十代半ばに見えたが、実は四十代ということに驚いた。

話していく中で僕の隣に座っていた男性（仮に佐々木さんとする）が怪談好きということがわかり、より話が盛り上がる。

そんな佐々木さんが体験談を話してくれた。

なるべく佐々木さんの喋り口調の世界観を壊さないよう書いたため、体験者の「語り」として読んでいただきたい。

これは佐々木さんが高校一年生の夏休みに体験した話だ。

高校って小学校、中学校と違って遠いところから通ってくる奴もいるじゃないですか。僕、函館出身で函館市内にある高校に通っていたんですけど、亀田《かめだ》郡にあるO町という函館市のベッドタウンから一時間ほどかけて通ってる、武田という奴とすごい仲良くなったんです。

この武田、すごいやんちゃな奴で俗に言うヤンキーだったんですね。

夏休みのある日、武田の家にほかの友人たちと泊まりに行くことなったんです。

武田の家に到着したのは昼の二時過ぎくらいで、メンバーは俺、同じ高校の友達二人、武田の中学の時からの友達の剛、武田の幼馴染みの空の五人が集まりました。

僕も当時は武田ほどではないけど、やんちゃをしていたもんで、ほかのメンバーとともに、オトナぶって酒を飲んでタバコを吸って騒いでいたんですよ。

気がついたら外はすっかり夜になっていました。

「ちょっと遊びに行こうぜ」

武田がみんなに声をかけます。

「どこ行くんだよ?」

「めちゃくちゃいいところあるんだって、とりあえず外出るぞ」

武田に言われるがまま、みんな外に出ます。

O町は田舎なので街灯も少なく、夜になると周囲はかなり暗い。

「この近所にO町体育館があるんだけど、そこの屋根に登って見る星空がむちゃくちゃ綺麗なんだよ。酔い覚ましがてらそこに行って星見ようぜ」

高校生って青春したがるじゃないですか。

星空なんて似合わないような男たちが、武田の案に全員ノリノリで乗ったんです。


武田の家から体育館があるという方向に向かって歩いて行くとT字路にぶつかるんです。武田は突き当たりを左に曲がっていくので、みんなでついていきます。

その先は住宅街から離れていく道なものですから、さっきよりも街灯が少なくなり田舎特有の暗い道がずっと続いているんです。

やがて民家もなくなり見渡す限り畑に囲まれている。

(こんなところに体育館なんてあるのか?)

そう思いながら歩いていると、前方七十メートルくらい先に急に黒い大きな影が見えてくる。体育館が現れたんです。

今、考えれば完全に不法侵入なんですけど、田舎だからか体育館の鍵が掛かっていない。勝手に体育館の中に入ると、屋上に続くハシゴを登って屋根に出る。

そして野郎六人で屋上に大の字になって星空を眺めました。

星座なんてわからないけど、漠然と「星空って綺麗なんだな」って思ったんです。

一時間ほどみんなで話しながら空を眺めていたと思います。

「そろそろ家に戻るか」

武田の声でみんな立ち上がる。

「そうだなぁ、このまま横になってたら寝てしまうかもしれないから戻るか」

ハシゴを降り、体育館から出ていきました。


武田の家に帰るために来た道を戻ります。

行きはかなり遠く感じたんですが帰りは早いもので、あっという間にT字路まで戻ってきました。

あとは右に曲がってまっすぐ歩いていけば武田の家。と思いきや、武田の中学からの友達の剛が曲がらずに、まっすぐ歩いていくんです。

「剛、何酔っ払ってんのよ。こっちだぞ」

武田が声をかけて剛を呼び戻そうとする。でも、剛はかなり酔っ払ってるのか、それとも聞こえていないのか、立ち止まることも振り返ることもせず、どんどんどんどんひとり歩いて行ってしまう。

「たぶんあいつ具合悪いんだと思うんだ。悪いけどこのまま剛の酔い覚ましに付き合ってやってくんねーか？」

武田が申し訳なさそうに両手を合わせてみんなにお願いしてくる。僕たちも、すぐに家に戻ろうという考えもなかったですし、みんなで剛と一緒に歩くことにしたんです。

最初は全員で固まって歩いていたんですが、それぞれ歩くスピードが違うので、ざっくりと二人ずつ三組に分かれて歩き出した。

先頭は武田と剛。そこから五メートルくらい離れて武田の幼馴染みの空と高校の友達の浅井。そこからさらに五メートルくらい離れて、僕と高校の友達の沼田。

僕と沼田はビビリなもんで、なんとなく街灯の少ない夜中の町を歩くのが二人とも怖いという感覚があって歩くスピードが遅かった。そんな僕たちとは対照的に武田と剛は歩くのが妙に速いんです。

だんだんと先頭との距離が開いてきた僕と沼田は、取り残されるのが怖いもんだから、軽く走って先頭の武田と剛と合流しました。

ビビって合流したって思われるのは恥ずかしかったんで、何事もないような感じで剛に声をかけようと思ったら、剛の顔が暗い夜道でもわかるほどに顔面蒼白なんです。

「え、剛大丈夫？」

返事がない。

「なあ、剛大丈夫なの？　あいつ酔っ払ってるだけ？」

武田に聞いてみると、武田も首を傾げる。

「わかんないけど、やっぱり様子が変だよな？」

その間も剛は早歩きで、先頭を歩き続けている。

すると、ずっと黙っていた沼田が喋り出した。

「あのさぁ、この道をもうちょっとまっすぐ行ってまたT字路が出てきたら、そこを右に曲がると墓地があるんだよ。まさかだけど剛、墓地に向かってるとかないよね？」

「ええっ！　墓場あるの⁉」

僕はO町に来るのが初めてで、土地勘がないため知らないんです。

しかし二分ほど歩き続けると、沼田の言った通りT字路が出てきました。

「剛、俺もうビビってるし、これ以上怖がらせなくて良いから普通にしてよ」

そう声をかけても、剛は顔面蒼白のまま返事がありません。しかも歩くスピードが更に上がり、曲がれば墓地と言われているT字路を右に曲がっていく。

(おいおい、勘弁してくれよ)

その先は緩い登り坂になっていたのですが、剛の歩くスピードは平坦な道を歩いている時と変わらない。息を切らす様子もないんです。

そして坂を剛について登ったところで「あ!」と思った。一面に墓地が広がっている。

(マジであるのかよ)

墓地に到着しても剛は歩くスピードを緩めることなく、墓地の奥へと向かって歩いていくんです。

僕たちは剛に声をかけるのも怖くて、後をついていくことしかできませんでした。

やがて、剛がついに、立ち止まりました。あとの五人は三メートルほど離れた後ろで固まっていました。

剛が見上げる先には、何かの慰霊碑だと思われる大きな石碑があります。

「おい剛、おまえなんでこんなところきたんだよ……」

武田が声をかけても反応がありません。

「おい、剛、聞こえてんだろ？」

剛は石碑を見つめたまま無言です。

「おまえ、返事くらいしろって！」

武田が大きな声を出した瞬間、剛がクルッと振り返ると後ろにいた僕たちの方に歩いてきます。そして目の前まで来ると前のめりでバタンッ！　と倒れると大量に嘔吐し始めました。

「剛、大丈夫か！　剛！　おいっみんな！　剛を抱えてすぐにここから離れるぞ！」

吐いた後まったく動かなくなった剛を抱えて、僕たちは墓地から離れます。坂道をしばらく下って行き、墓地から二百メートルほど離れたところで一度、剛を降ろすと地べたに座ってみんなで声をかけます。

そこでやっと剛は意識を取り戻し、あたりを見渡していました。

「おまえ、本当に大丈夫か？」

武田が心配そうに声をかけます。

「ごめん、俺も何がなんだかわからない……」

相変わらず剛の顔色は悪いままで、とりあえずもう帰ろうと立ち上がろうとした瞬間。

ギャァアアァアァァアァッッーーー！！！

墓地の方から女性の悲鳴が聞こえてきた。

「もう限界だ！　急いで帰ろう！」

僕の声を合図に全員が走り出し、武田の家に戻りました。

無事に帰ってこれた安心感からみんなでぐったりしていると「なんだよその顔……」と武田の声が聞こえました。

顔を上げると武田の幼馴染みの空の両瞼が、ぶつけたわけでも虫に刺されたわけでもないのにボッコリと腫れていました。

それから数日後、夏休みが終わり学校に行くと武田が僕に近づいてきました。

「あのさ、この前、意味わかんないことあったじゃん。実はあの後またちょっとだけ変なことがあってさぁ」

時間が経過し少し恐怖心が薄くなっていた僕は、興味津々で何があったかを聞いてみました。

「次の日に剛と一緒に家の近くの商店で買い物をしていたら、そこの店主をやってる婆さんが『あんたたち何か悪いことしてないだろうね？』って聞いてきたんだよ」

武田がお婆さんに「何もしてないけど、近くで事件でもあったの？」と訊いてみると、坂道を登っていったところにある墓地が墓荒らしにあったと教えられたんです。

それはあの夜、僕たちが墓地に行くちょっと前の出来事でした。

もしかすると、墓を荒らされた霊たちが僕たちに助けを求めて、剛に憑いて呼んだのかもしれません。

天使の手

僕（匠平）には秋子という友達がいます。五年ほど前に共通の友人がいて知り合い、僕の家と近いこともあり、半年に一回くらい秋子は子どもたちを連れて家に遊びに来ます。そんな秋子と知り合って間もない頃に聞かせてもらった話です。

これは秋子本人から聞くのが面白いと思うので、秋子と二人きりになって話を聞いているつもりで読んでいただきたい。

私、子どもが四人いるんです。

長男、長女、次男、三男の四人で、親の私の目から見ても兄妹の仲は良いと思います。まだまだみんな幼稚園や小学生ですから、毎日が子供たちのおかげで事件の連続で話題の尽きない日々を送っています。

そんな中からひとつ、長女のきーちゃんの話をさせてください。

私が台所で食器を洗っている時でした。

当時五歳のきーちゃんが私の隣にやってきました。

とても楽しそうにニコニコしながら私のことを見つめてきます。

「きーちゃん、どうしたの？」

「あのね、お母さん、私生まれる前は天使だったんだよ！」

何のアニメや漫画の影響を受けたかわかりませんが、楽しそうに話す娘に乗ってあげることにしました。

「そうだったんだー！　きーちゃんは天使だったんだね！　すごいね！」

「うん、そうだよ！　天使だったの！」

私はきーちゃんに色々と質問します。

「なら、きーちゃんは生まれる前どこにいたの？」

「白くて広くて明るいところで、たくさんの天使たちと一緒に遊んでいたよ！」

すぐに返事が返ってきました。

「じゃあ、きーちゃんはどうやって人間になったの？」

「うんとねー、大人の天使の偉い人が三人いて、ある日子供の天使を集めて『人間になりたい人！』って言うから、人間になりたい子たちは手を上げたの！」

子どもの想像力に思わず笑ってしまいました。

「挙手制なんだね！　その後はどうするの？」

「そしたらね、手を挙げた子たちだけが集められて『誰に自分のお母さんになってほしい？』って、偉い天使様が言ったら、目の前にたくさんの写真が出てきて、いっぱい女の人の顔が写ってるの。その中にお母さんの写真があって私はお母さんを選んだんだよ！」

とても可愛らしいエピソードなんです。私もなんだか楽しくなっちゃって娘にまた質問したんです。

「そっかー、それでお母さんのことを選んでくれたんだね！　じゃあ、なんでお母さんのことを選んでくれたの？」

「お母さんが死にそうだったから」

急に娘の声のトーンが下がり、顔を見てみると真剣な顔をしていました。

「お母さんが死にそうだったから、お母さんのことを助けたくて私はお母さんから生まれることにしたの」

周りからすると子どもの戯言だろうと思うかもしれません。しかし、私はこの言葉を聞いてこの子は本当に天使なんじゃないかと思いました。

なぜなら私、心臓に大きな欠陥がありまして、子どもの頃から数回、心臓の大手術をしています。

長男を妊娠した時には医者から「心臓がもたないから子どもは諦めなさい」と言われたんですが、それを押しのけて長男を出産しました。

出産後は心臓に大きな負担がかかってしまったため、意識が戻らず生死の境を彷徨いました。でも奇跡的に意識を取り戻し、私は一命を取り止めました。

その時、医者に「今回無事で居られたのは奇跡です。次はありませんからね」と言われていました。

それでも私は長男のために、もうひとり子供が欲しくて。

二人目を身ごもった時に医者から「次は間違いなく体が持ちませんし、子供も無事に生まれるかわかりませんよ」と言われたんです。でも、せっかく私のところに来てくれたんだから私が死んだとしても、このお腹の中の子だけは産んであげたいと思い、またしても医者と旦那の反対を押しきって、出産を決意したんです。

私はまた、きーちゃんに質問します。

「きーちゃんはどうやってお母さんのことを助けてくれたの？」

娘は左腕を上げて話し出します。

「天使の力を使ったの。本当はね、天使が人になる時に天使の力はなくなっちゃうんだけど、私どうしてもお母さんのことを助けたかったから偉い天使様に『天使の力を残してください』って、お願いしたの。そしたら『特別だよ』って言って、私の左手だけに天使の力を残してくれたんだよ。私、お母さんのお腹に入ってから、左手でお母さんのことをたくさんたくさん触ったの。お母さんの病気が治りますようにって、たくさんたくさん気持ちを込めて触って、それで治したんだよ」

娘の話は嘘じゃないんだな。と、この時に確信しました。

なぜなら、娘を身ごもっている時に定期検診で担当医に「一生懸命左手を動かしてお腹を触っていますね」とよく言われていましたし、娘の左手には幾何学的な模様のアザが生まれつきあるんです。

そして、私は思い出しました。娘を出産したあの日のことを。

出産中もしくは出産後に、私の心臓の限界がきて死ぬかもしれない、死なないにしても心臓にさらに問題が発生し、大きな障害が残るかもしれない。そう考慮した担当医が、出産後すぐに心臓の検査やオペが出来るように心臓のオペのチームを呼んでくれていました。

しかし娘の出産は担当医が驚くほどの安産で、念のために心臓の検査をした結果、数か月前まであったはずの私を苦しめ続けてきた心臓の大きな欠陥がなくなっていて、私の心臓は健康そのものになっていたんです。

出産して数週間経ってから、改めて心臓の主治医のところで検査をしても欠陥は見つからず、主治医から「意味がわからない。健康そのものだ」と笑顔で言われました。

私の中で娘の話と過去の記憶がすべてつながった時、私は娘を抱きしめていました。

「きーちゃん、ありがとう。きーちゃんのおかげでお母さんは今でも元気だよ」

娘も笑いながら「私もお母さん大好きー」と言って、私のことを抱きしめ返してくれました。

私は不思議な天使のおかげで、今は四人もの小さな天使たちに囲まれ、毎日幸せに生活しています。

勘違い

交霊術をしたことはあるだろうか？　有名なものでいうと「ウィジャボード」「こっくりさん」といったものが交霊術である。

特定の霊を降ろす「降霊術」とは違い、青森のイタコや沖縄のユタのような能力者も必要なく、誰もが簡単に霊を降ろすことができるのが交霊術である。


これはスリラーナイトに来た、三十代の拓也さんというお客様の話だ。

拓也さんには趣味がある。その趣味というのは、民族楽器を集めることと民族楽器を弾くことだ。特に酔っている時に民族楽器を演奏するのが好きらしい。

拓也さんは札幌市厚別区にある新築マンションの六階に住んでいて、そこに決めた理由も防音がしっかりしているからというくらいだ。

その日も仕事を終わらせ家に帰ってから部屋で一人お酒を飲んでいた。良い感じに酔いが回ってきて、時計見ると深夜の一時過ぎ。いくら防音がしっかりしていると言えども大きな音が鳴る楽器は触れない。

どうしたもんかと楽器を保管している三段になっている棚を眺めている時に、今の自分のテンションとあまり大きな音が鳴らないという条件にピッタリの楽器を見つけた。

イボドラムというナイジェリアの民族楽器で、壺のような形をした打楽器である。音としてはカチカチ、キンキン、カンカン、ドゥムッというような音が鳴る。

拓也さんはイボドラムを手に取り、リビングの真ん中であぐらをかく。イボドラムを内ももに置いて安定させ、叩き出した。

長年、民族楽器に触れているからか自然と民族音楽のようなリズムを刻みはじめ、酔いもあってか音が部屋に反響し、自分の体の中に吸い込まれるような感覚を楽しんでいた。

どれだけ叩いていたのか心地よくイボドラムを叩いている最中、音に乗っていたはずなのにリズムが崩れてしまった。自分一人で叩いていたはずなのに別のリズムによってリズムを崩されたような感覚があった。

（外の音かな？）

一瞬頭をよぎったが防音がしっかりしているから決めた部屋で、いままで住んでいて外の音が気になったことは一度もない。

拓也さんはイボドラムを叩く手を止めることなく違和感の原因を考えていると、

トン、トン、トン、トン

何か音が聞こえる。聞き耳を立てるとその音は玄関の方から聞こえてくる。拓也さんはすぐに音の正体に気が付いた。それは足音だ。しかし、ありえないのだ。拓也さんは独り暮らしで、玄関はオートロックのため鍵の閉め忘れということもない。

トン、トン、トン、トン

音は徐々に廊下を移動して、リビングの方に向かってきている。拓也さんは自分の置かれている状況に危機を感じた。出入口は玄関しかなく、逃げることは出来ない。しかも、楽器を叩く手を止めれば侵入者に入ったことがバレたと悟られて、いきなりリビングに入ってきて襲われるかもしれない。

一気に酔いがさめた。それでもカモフラージュのためにイボドラムを叩き続ける。

足音は止まることなくリビングに近づいてきて、ついにリビングの扉の前で止まった。

拓也さん、いつ何が起きてもいいようにリビングの扉を見つめながらイボドラムを叩き続ける。扉には曇りガラスがはめ込んであり、扉の向こう側に人影が見える。

（来るなら来い！）

侵入者と戦うことを決意した次の瞬間、それは扉を開けることなく、扉をすり抜けてリビングに入ってきた。

身長一八〇センチくらいで、肌は褐色、頭には大量に鳥の羽のようなものを刺し、首からはカラフルな首飾りを何本もぶら下げた男――腰の周りには牛なのか馬なのか動物の毛皮を巻いて手には六十センチくらいの木製の棒に穴が開いた笛？　のようなものを持っている。どこかの先住民族のように見える、そんな人が、満面の笑みでリズムに乗っている。

「え？」

拓也さんが思わず手を止めて声を漏らすと、その先住民のような恰好をした人が拓也さんを見て驚いた表情を浮かべた。後ろに少し仰け反ると、部屋全体を「あれ？」というように見渡して、恥ずかしそうな笑みを浮かべて部屋から消えた。

思いもよらない方法で交霊術に成功してしまうこともあるんだ――。
そのことを僕は拓也さんから学んだという。

半分と半分

来未さんの通っていた道東のH中学校は新校舎の隣に旧校舎があり、建物は長い渡り廊下で繋がるようになっていた。旧校舎には図書室や視聴覚室など頻繁に行くことのない部屋が残されていた。

中学校ではバスケットボール部に所属していた来未さんが、二年生の時に体験したという話だ。

来未さんはとても仲の良い友達のEちゃんと、部活終わりに一緒にトイレに行った。部室から一番近いトイレは新校舎の一階、旧校舎に続く渡り廊下の手前にあった。用を足してトイレから出てくると、先に出ていたEちゃんが妙に高いテンションで「私、ちょっと旧校舎を冒険してこようかな」と言い出した。

図書室に行く時以外あまり旧校舎に行くことは無いし、古い校舎なのでみんな気味悪がって、好んで行く人はいない。放課後となれば不気味さ倍増だ。

「旧校舎にには行かない方がいいよ、早く帰ろうよ」

来未さんはそう言ったけれどEちゃんは「ちょっと冒険するだけだからさ」と、手を振りながら渡り廊下をさっさと旧校舎の方へ行ってしまった。

追いかけるタイミングを失い、来未さんは先に帰ろうかなと思ったものの、このままひとりで帰ったらもう二度とEちゃんに会えないんじゃないか、なぜかそう思って「私、ここで待ってるからね」とEちゃんの背中に向かって声をかけた。

Eちゃんは渡り廊下をどんどんどんどんと突き進み、その背中が小さくなっていく。

日が一気に落ちてきて、あたりは薄暗くなり、旧校舎の不気味さが際立ってくる。

Eちゃんが、八十メートルほど離れたあたりだろうか。

「キャーーーーーー」

突然、悲鳴が響き渡り、Eちゃんがものすごい勢いで走ってこちらに戻ってきた。

その表情が今まで見たことないほど恐怖にひきつっている。

Eちゃんは来未さんのところまで走ってきたがそのまま立ち止まらず、来未さんの腕をガッと掴んでそのまま強引に校舎の外へと引きずり出た。

「ねぇ、一体何があったの！」

来未さんがそう叫んでも、Eちゃんは走るのを止めない。

「ちょっと！」

腕を掴んでいる手を振り払ったところで、やっとEちゃんが我に返ったように立ち止まった。そして蒼白な顔で来未さんを見つめながら言った。

「あのね私、廊下をずっと歩いたでしょう。それで渡り廊下の終わり。あと一歩で旧校舎に入るところで、カツ、カツ、カツ、カツ、って、足音がこっちに向かってきたの」

「それで?」

「旧校舎からこっちに来るなんて誰だろうと思って、電気がついてないから中が暗かったんだけど目を凝らして目の前を見ていたの、そしたらね――」

Eちゃんの顔色がいっそう白くなり、ガタガタと震え出す。

「下半身だけが――私のほうに歩いてきたの」

来未さんはこの話を聞いて、

「だから行かない方がいいって言ったじゃん！」

そうEちゃんに説教したものの、来未さんはこの話にどこかワクワクしたのだという。

来未さんは実は怪談やオカルトがとても好きで、Eちゃんの話に刺激されて次の日から学校の怖い話をあれこれ人に訊いて集めようと思っていた。

誰に聞けばいいんだろう。

そう考え始めてすぐに思いついた。

そうだ、学校の先生に聞けばいいんだ。

先生なら生徒よりも遅い時間まで学校にいるし、何か怖い体験をしているのではないか。

担任に始まり、他の先生方に何か学校で怖い体験をしたことがないかと聞いて回る。

大概の先生には「何も怖いことなんて体験したことないよ」と言われるが、部活の顧問である三浦先生が「そういえばひとつだけ経験あるぞ」と話してくれた。

部活の終了後、あれこれ点検をしたりするので、三浦先生は最後まで学校に残ることが多いのだという。

そんな、学校に最後まで残った先生が任される仕事があった。

その仕事は、帰る前に学校の出入り口すべての戸締りの確認をするというものだ。

ただ、少し神経質にならないといけないところがある。もし、出入り口すべての鍵を閉めてから帰ったとしても、校舎内に生徒が残っていたりすると大問題になるからだ。

それを防ぐため、学校内すべての教室を見て回り、自分以外誰もいないことを確認しなければならない。それから外への出入り口を施錠して、校門の鍵を閉めて帰宅することになるのだ。


その日、いつものように帰るのが一番最後になった三浦先生は、校内すべての教室、それだけではなく体育館や音楽室や家庭科室、各部室まで見て回り、誰もいないことを確認した。

「これでやっと帰れる」

三浦先生、建物の玄関口の施錠をし、駐車場の自分の車に向かって歩き出した。

どこかで飯でも食って帰ろうかな、そんなことを考えながら歩いている最中、何気なく校舎の方を振り返る。

「マジかよ……」

三階のひとつの教室に人影が見えた。

制服を着た男子のようだが、どうやらこちらの方を見ているように思える。

（誰だ残っていたのは！　にしても、ここからまた鍵を開けて三階まで行くのめんどくさいな）

三浦先生、その場から三階の人影に向かって大きな声をかけた。

「おーい、おまえ何やってんだぁ？」

声をかけても人影は動かない。その様子を見る限り、どうやらこちら側に一切気が付いていないようだ。

（生徒か。仕方ない、校舎に戻って三階まで上がるか）

踵《きびす》を返すと、先ほど施錠したばかりの鍵を開けて校舎に入る。

階段を駆け上がり、記憶を頼りに先ほど人影が見えた教室を目指す。

（確かこの教室だったよなぁ）

扉に手をかける。

ガラガラガラガラー

教室の中に入り、明かりを点けた。しかしそこに生徒の姿はない。

（教室、間違えちまったかなぁ）

念のため全体を注意深く見渡す。すると見つけた。いや、正確には何者かがいる場所がわかった。

教室の窓にはカーテンがかかっているのだが、そのカーテンの一部分が人が潜んでいるように膨らんでいる。

「おい、おまえ、何やってんだ。いくつになってかくれんぼやってんだよ」

生徒から返事がない。

（バレていないとでも思ってんのか？）

三浦先生、そのカーテンの膨らんでいるあたりに向かって歩き出した。

「だからこんな時間に何やってんだって――」

カーテンをつかんで思い切りめくる。

バサッ
「あれ？」

その先に生徒はいなかった。

（なんでカーテンが膨らんでいたんだ……）

目線が床に向かう。そこには。

背の小さな男子生徒……いや、違う。上半身だけの男の子がこちらを見上げて——。

三浦先生はあわてて教室を飛び出した。


来未さん、友達の体験談と三浦先生の体験談を聞いて思ったという。

Eちゃんが見たという下半身と三浦先生が見た上半身は、元々は一体の霊だったのではないだろうか。

それがどうして分かれてしまったのかはわからない。しかしきっと、上半身は下半身を、下半身は上半身を、いまだに探しているのではないだろうか——。

H病院で嗤われた話

スリラーナイトに遊びに来られた札幌在住、三十代後半の女性のお客様から聞かせていただいた話。

怪談収集や取材のリアルを感じ取ってほしいため、その方の喋り言葉を尊重してまとめたものである。


私が今から十年ほど前に体験した話です。

その日、いつものように朝七時に起きたんですが、とても体調が悪かったんです。起き上がると目の前がぐるぐると回って、吐き気がしたのですぐにトイレに駆け込んで――。風邪かと思って薬を飲んだりもしたんですけど、体調はよくなるどころかどんどん悪化していく。

今までの人生の中で体調を崩した時のことを考えたんだけど、この具合悪さは普通じゃないんじゃないかと思い始めました。

当時すでに結婚していたんですけども、旦那は単身赴任で家にはひとりだけ。近所に頼れる人もいなかったので、自分で近所にある大きな総合病院まで車を運転して行こうと思ったんです。

でも、すぐに考え直しました。

もし、病院に向かっている最中、意識を失ってしまったら――交通事故など起こしてしまったら、自分だけの問題ではなく人様に迷惑をかけてしまう。

自分の今の状況で救急車を呼べるのかわからなかったけれど、初めて救急に電話して自分の体調を伝えたんです。

すると「すぐに向かいますから待っていて下さい」と対応してくれると十分もしないうちに到着し、私は救急車で市内のH病院に搬送されました。

病院に到着して診察をしてくれた医者が「旦那さんなど身内の方の連絡先を教えてください」と私に言うんです。

私、診察台の上に横になった状態だったんですけども（え？　そんなに危ない状況にいるのかな。大変だな）と、どこか人ごとのようでした。

でも急に怖くなってきて、

「私って今そんなに危険な状態なんですか？」と訊くと、
医者は真剣な表情で私のことを見つめ、

「落ち着いて聞いてくださいね。今、あなたはとても危険な状態にあります。いつ死んでもおかしくはありません」

説明によると、私の心臓の太い血管が一本詰まっていて、そのせいで血液がうまく循環していない状態だった。そのため臓器の働きが悪くなって具合が悪いという症状が出ていたんです。

まさか自分がそんな状態にあるなんて思ってもみなかったものですから、記憶を掘り起こし夫や両親の連絡先を医者に伝えました。

その時にふと、天井に目線をやると、天井にはよくテレビドラマのオフィスで見るような大きな照明がありました。

ライトが煌々《こうこう》と光っていて、その光が私の目に刺さります。

かなり強い光だったので逆光になり、照明の後ろの天井が見えません。

でも、何か黒いモノがあるように見えるんです。

（一体あれは何なんだろう）

それが気になって、ずっと見つめていました。

しばらく見つめていると照明の強い光に目が慣れてきて、天井にある黒いモノがはっきりと見えてきました。

それが何かわかった時「えっ？」と思いました。

二十代くらいに見える若い女性の顔だったのです。

照明の後ろから顔を出して、私のことを見下ろしている。

その表情は無表情でした。

（あぁそうか、具合が悪すぎて幻覚を見ているのか。それとも血液の循環が悪くなって何か脳に支障をきたしたのかもしれない）

そう思っている時、医者が私に質問をしてきました。

「大丈夫ですか？　意識ははっきりしてますか？　ご自身の名前を言えますか？」

私は自分の名前を伝え、その後、住所や年齢などを聞かれたのでそれに答えながら、

（私って本当にそんなに危ない状態なのかな。確かに具合は悪いけど、死ぬほどのもの

ではないんじゃないかな）

そんな風に思っていました。

ですから、医者に聞いてみたんです。

「私、そんなに危ない状態なんですか？　本当に死にそうなんですか？」

医者は私の目を見て言いました。

「はい。とても危険な状態です。先程も言いましたが、いつ死んでもおかしくない状態です」

その瞬間です。

天井の照明の後ろからこちらを見下ろしている女の顔が、無表情から一変して大きな笑顔になった。

「ハハハハハハハハハハハ」

それは楽しそうにこちらを見ながら大声で笑いだしたんです。

思わず黙りこんだ私に、医者は「大丈夫ですか？」と声をかけます。

その瞬間に、また天井の女が突然笑い出す。

「ハハハハハハハハハハハハハ」

私は気が付きました。

私が死ぬかもしれない、命が危険な状態にある。そう医者が私に声をかけるたびに、女は声を上げて笑うんです。

「ハハハハハハハハハハハ」

やがて女の笑い声が響く中、突然意識が遠退きました。

次に目を覚ました時には、病院の個室のベッドの上でした。

私は意識を失い、緊急オペが行われたのでした。手術は成功し、一命を取り止めたことを聞かされました。

あの天井から私を見下ろしていた女はいったい何者だったのかわかりません。

ただ、あの女は「人が死ぬ」ということが、楽しくて楽しくて堪らないんだと思います。

鍋パーティーで知ったこと

修平さんという二十代の金髪ガテン系のお客様が「匠平さんにどうしても聞いてほしい話があるんです」といって、来店早々聞かせていただいたお話。

昨年末、修平さんが友人たち四人で、男友達の広田の家で鍋パーティーをした時のこと。メンバーはほかに、ちーちゃんと美咲という女友達のふたり。

いつもよく遊ぶ四人で、鍋をつついて酒を飲んで馬鹿話をして、たまに真面目な話なんかして、いつも通りの楽しい時間を過ごしていた。

深夜近くなり、飲みもひと段落したところでいつの間にか広田が眠ってしまった。

ちーちゃんと美咲は鍋や皿などの洗い物を片付けて、三人で飲みなおそうということになった。ふたりは広田の家に泊まるつもりできていたからだ。

その時に、怖がりのはずのちーちゃんが修平さんに「怖い話してよ」と急に言い出す。普段は怖い話をしようとすると「絶対に話さないで！」と言うし、たとえ話し始めたとしても耳を塞いで頑なに聞こうとしない彼女なのに。

急にどうしたんだろう？　珍しいなぁと思いながら、修平さんは最近友達から聞いた話やネットで見て怖いと思った話を喋っていた。

霊感なんてものはないが、なんとなく部屋の空気が重くなってきた気がした。

今夜は朝までのつもりだったので、三人とも寝る準備をして布団の中で話をしよう、ということになったそうだ。怖くなってくると何かに包まれたくなることもあるかもしれない。

雑魚寝《ざこね》するように布団を敷くと、それぞれが毛布や掛布団にくるまりながら、怖い話を続ける。

しばらくすると急に美咲が布団から出て立ち上がり、暗い廊下へとふらふらと歩いて行く。

（何かあったかな？　トイレか？）

怖い話をしながら美咲のことを目で追っていると、彼女は廊下の途中で立ち止まり暗い中一点を見つめて何かをモゴモゴと言い始めた。

ここで修平さん、思い出した。

美咲には霊感があることを。

五分くらい、壁に向かってモゴモゴと何かを言っていた美咲が、布団に戻ってきた。

「今さ、美咲、何やってたの？」

そう問う修平さんに、美咲は疲れた表情を浮かべながら言った。

「怖い話をしてる最中に、なんか黒いヤツが家の中に入ってきて、廊下を行ったり来たりずっと歩いていたから『出て行け』って追い返したの。あまり良いモノではなかったからね」

すると突然、ずっと寝ていた広田が急に起き上がり騒ぎ出した。

「寒い寒い」

修平さんはびっくりして「どうしたの？」と訊くと、

「なんかわかんないけど、めちゃくちゃ寒い！」

さっきまで爆睡していたとは思えないほど、すごい勢いで自分の腕を擦りながら三人の顔を見回す。

「え？　みんな寒くないの？」

「ごめん。今、怖い話していたからそのせいかな？」

修平さんが冗談ぽく言うと、広田が青い顔しながらも「やめてくれよー」と笑った。

その後、もう寝ようということになり、それぞれ黙って布団に潜り込む。

しかし修平さんはなぜか原因はわからないけれど眠れない。

お腹いっぱい鍋も食べたし、酒も飲んだのに――寝返りをうちながら過ごしていると、どうも他の三人もゴソゴソと眠れずにいるようなのがわかる。

結局どうにも眠れないまま窓の外が明るくなり、

「一睡もできなかったよ。なんでだろう」

結局四人とも起き上がって、早々にそれぞれの家に帰ることにした。

修平さんは仕事が休みだったので、家に帰ると自分の家で改めて寝ることにした。

眠りについて数時間後、昼の一時を回った頃、携帯電話の着信音で目を覚ます。

着信相手は広田だった。眠い目をこすりながら通話ボタンを押すと、

『なぁ！　俺マジでヤバイよ！　助けて』

突然叫ぶように聞こえてきた広田の声。かなり焦っているようだ。

「え？　なに？」

状況が何もわからない修平さんはびっくりして答えると、

「自分が自分じゃない感じがするんだよ！」

一体何を言いたいのかが理解できない。

「なにそれ？」

「俺だって自分で変なこと言っているのはわかっているんだよ。でも、自分なのに自分以外の人の思考みたいなのが自分の中にあって――それから、腹が焼けるように痛いんだよ。今職場にいるんだけど仕事も手につかないし――」

よくよく話を聞くと、どうも何かわからないものが憑いているような感じがして、たまらずに職場近くの神社に相談に行ったら、神主に、

「私には手に負えません。どうにも出来ないですから近づかないでください」

と言われてしまい、パニックになって修平さんに電話をしてきたという。

「お祓いができるとこを知っているなら教えてくれ！」

修平さんもこれは大変だと、いったん電話を切ると、知り合いの寺の住職に連絡してみた。連絡がつかなかったのだが、とにかく行ってみようと、広田に電話をして職場を

早退するよう言い、会社まで迎えに行くために車を出した。

職場の前で広田は待っていた。でも、その顔が広田とは似て非なる、まったくの別人に見えた。雰囲気もいつもの広田じゃない。

とりあえず助手席に乗り込んだ広田だが、会話するのもつらそうなぐらい具合が悪いようだ。

急いで、お世話になっている住職のいる寺に向かった。

お寺に到着して住職を訪ねたが、タイミングが悪く出かけているとのことだった。

（やばい、どうしよう）

頼れる相手がいない。横では広田が崩れんばかりに苦しんでいる。

俺は急に怖くなってきた。

その時、用事を済ました住職が戻ってきた。そして、住職は広田を見た瞬間に「あなた大丈夫ですか？」と駆け寄ってきました。

「これは――すぐにお祓いをします」

何も言わずとも住職はそう言い、奥へとついてくるように修平さんたちを促した。

住職について行った奥の祭壇のある部屋で、中央にひとつ出された座布団に広田は座るように言われた。

住職は広田の正面に座ると、広田に向かって経を唱え始める。

修平さんはそれを隅の方で立って見ていた。その時、広田と住職が座る向こう側、奥の祭壇の上に置かれた丸い大きな水晶のようなものがどうしても気になる。

その水晶のようなものの表面に、広田と住職の姿が映り込んでいる。

そこに映る広田の様子がどうもおかしい。

お経を唱える住職の後ろ姿と正面を向いた広田の姿。その広田の首に黒々と、髪の毛のようなものが大量に巻きついているように見える。

すぐ目の前にいる広田には、もちろんそんなものは巻きついてはいない。

(見間違いか?)

目を凝らしてもう一度、祭壇上の水晶のようなものに映る広田を見る。

やはり、そこに映る広田の首には大量の髪の毛のようなものが巻き付き、しかも、ぐるぐるぐるぐると首の周りを蠢《うごめ》いていた。

(うわ、これはマジでヤバいやつだ……)

体がガタガタと震え出した。急に、広田が死んでしまうような気がして、恐怖が全身を駆け巡る。

（いなくなれ！　いなくなれ！）

修平さんは、そんなことを思っても意味はないかもしれないが、そう念じることしかできなかったという。

一時間ほど経過した頃、お祓いは終わった。

「もう、大丈夫です」

住職の言葉を聞き、修平さんは全身の力が抜けるのを感じた。

「一刻を争う状況でした。広田くん、とてもお腹が痛くありませんでしたか？」

すっかり元に戻った広田は、一度修平さんの方を見た後、住職に向き直った。

「はい。とても痛かったです。なんでわかったんですか？」

「あなたには、お腹に赤ちゃんを残したまま亡くなってしまった女性の霊が憑いていました」

住職はとても哀しい目をしてそう言った。修平さんはお祓い中に自分が見た水晶に映っていたものについて訊いた。

「俺、さっきのお祓い中に見えたんですが、その祭壇の上の水晶のようなものに映っていた広田の首に髪の毛のようなモノが巻きついていて——」

「はい。その女性の霊の髪の毛です。広田さんから離れないように首に巻きついていました」

なぜ広田にそんな霊が憑いてしまったのかはわからない。

「でもきっかけは間違いなく、昨夜の鍋パーティーのあとに怪談話をしたからだと思うんです。怪談は大好きですけど、怪談を話したり聞いたりする以外の怖さというものを学びました」

修平さんはそう言って顔をしかめた。

呪いの人形

僕の勤めているスリラーナイトに昔から通ってくださっている常連の太郎さんと、二人で心霊スポットに行った時に、太郎さんが珍しく「最近、変なことがあって」と言って話してくれました。

その夜、自分の寝言で目を覚ましました。

そうか、あれは夢だったんだ、と胸をなでおろしたんです。

妙にリアルな夢でした。しかも、なんでそんな夢を見てしまったのか、思い当たる節があるんです。

最近、知人から「呪いの人形」と言われるものを六体、預かったんです。

どういう経緯で知人のところにきたのかはわからないんですけど、持っているとよくないことが起こるって話なんですよ。

六体全部が「呪いの人形」というわけではなくて、そのうちのどれか一体が本物だというんです。

見た目はそれぞれ違い、五月人形だったり、お雛《ひな》様だったり、小さい女の子の人形だったり――なんの変哲もない人形です。

なんでそんな「呪いの人形」なんて預かっているのかと思われるかもしれないですが、私、怪談マニアでして、そういうものに目がないんです。

今は実家暮らしで、二階建ての一軒家に母と二人で住んでいます。

自分の部屋は二階にありまして、その「呪いの人形」六体すべてをそこに保管してあります。

「呪いの人形」を預かって数日後の夜のことでした。

その夢は唐突な始まり方でした。私は母とともに一階のリビングにいました。

母が突然、一階の廊下から二階の階段に向かって、必死に叫び出しました。

「ねえっ！　うるさいんだけどさっきから‼　ガタガタガタガタずっとさ！　ねえっ！

ねえっ！」

私は母の声を聞いてリビングから出ると、叫んでいる母の隣に移動して一緒になって二階に向かって怒鳴るんです。

「早く出て行けって言ってるだろうがっっっ！」

その瞬間、夢から覚めた。

自分の寝言で目が覚めたんです。

「早く出て行けって言ってるだろうがっっっ！」

現実でも、実際に同じことを口に出して言っていたんです。

自分の中では「呪いの人形」を預かったということが、どこかでストレスになってそんな夢を見たのではと思っています。

そうでないと、何に対して「早く出ていけ」と言っているのかわからないですし。

もし他にも何か現象が起きれば、後日また報告しますね。

猿鬼

高校からの友人の茂樹と、一緒にシカの頭の骨格標本を作っている時の休憩中に聞かせてもらった話だ。


茂樹の友人に占い師に世話になっている男性がいる。

その占い師は、前世や過去の出来事やカルマなどを視て、その人に「今世はこんな風に生活したらいいよ」とアドバイスをするというスピリチュアルな人なのだという。

妖怪などを祓うということもするそうなので、霊媒師的な側面も持っているらしい。

茂樹の友人を仮にレオさんと呼ぶが、レオさんはやたらついていない時期があって、久しぶりにその占い師に見てもらったのだという。

そうしたら「猿鬼」という、猿の姿をした妖怪が憑いていると言われた。

「猿鬼」というのは、額に第三の目がある妖怪で『幽☆遊☆白書』に出てくるキャラクターの飛影みたいな感じなのだという。

額にある大きな目は、普段は閉じられている。

しかし、その目が開いた時には、近くにいる生物の命を奪うと言われている。

占い師が言うには、

「あなたに猿鬼が憑いてから、すでに三回も目が開けられている。しかし、その三回ともあなたは何ものかに守られている」

レオさんはそれを聞いて思い当たることがあった。

とても犬が好きなレオさんは、少し前に知り合いから子犬を五頭、引き取って育てていたという。

五頭とも元気でなんの病気も障害も持っていなかったが、引き取って一年もしないうちに次々と三頭の犬が突然死してしまったのだ。

その話を占い師にしたら、

「その死んでしまった犬たちは、飼い主であるあなたのことを猿鬼から守って、代わりに死んだんです」

　そう言った。

　それを聞いたレオさんは大泣きしたそうだが、その後、お祓いをして猿鬼を祓うことに成功したという。

　おかげで、残りの二頭の犬は今でも元気に生きている。


　元来、猿鬼は人に憑いたらすぐに目を開いてその命を奪う。そしてまた別の人に憑くということを繰り返すのだという。

「レオさんは本当に愛情を持って犬たちを飼っていたから、犬たちもご主人様を守ろうとしたんだよな。その子たちのおかげで今でもあいつは生きているんだよね」

　そんな話を教えてくれた。

あの夜のなにか

霊感が強い父親の血を継いだのか、小さい頃は幽霊や不思議なものを当たり前に見ていたという要さんから聞いた、幼い頃の話。

今はもう見えなくなってしまったそうだが、母親に聞くと、どうも物心つく前からそういう能力があったようだという。

要さん自身には記憶がないそうだが、二歳か三歳の時のこと。

母親が自分の友達の家に要さんを連れて遊びに行ったそうだ。

友達は馬が好きで、家には手のひらに乗るくらい小さなフィギュアがたくさん飾ってあったという。

要さんは部屋に入った途端から、それらの馬のフィギュアを、触ることもせずにただジッと飽きもせずに見つめていた。

母親の友達が「お馬さん好きなの？　それで遊んでいいよ」と要さんに言っても、手に取ろうとはしない。

「何が気になるんだろうねえ」などと話をしていたら、要さんが急に母親の方に向いて、

「おんまさんの上にたくさんの兵隊さんが乗ってるね！」

フィギュアを指差しながら、ニコニコと言う。そんなことばかりある、不気味な子だったそうだ。


要さんが五歳の頃の話で、これは本人の記憶にも残っているという。

当時は末の弟がまだ生まれていなかったので、両親とすぐ下の弟の四人家族で公団住宅の四階に住んでいた。

家族四人で寝室に川の字になって寝るのだが、位置が決まっていて、ベランダの方から父親、要さん、母親、弟の順だったという。でも、その日はなぜか窓の方から、要さん、父親、母親、弟の順番だった。

要さん、小さい頃から眠りは深く、一度眠ると朝まで起きないというが、その日は夜中に目が覚めてしまった。

目が覚めてすぐ、なぜかベランダがすごく気になる。いつもはカーテンが閉まっているはずなのに、その夜は開け放たれて外が見える。

何らかの気配に促されたのか、要さんはとっさにベランダ側に振り向いた。

そこに、保育園の先生と同じクラスの男の子H君が立っている。

「え？」

幼心に何かおかしいと二人の姿を凝視する。

先生は病院の看護師が着るような白い服装で、H君はパジャマを着ている。しかもH君の全身は血まみれのようで、パジャマがどす黒く汚れきっている。

その瞬間、驚きと恐怖で大声を上げて要さんは泣き出した。

その声に反応した両親が飛び起きると、

「おい、どうした？　大丈夫か？　怖い夢でも見たんか？」

父親が要さんを抱きしめて背中を擦ってくれる中、

「いつもの場所で寝たい！　いつもの場所がいい！」

泣きながら要さんが訴えて、父親はすぐに寝る場所を交換してくれた。そしてようやく落ち着いてきた要さんに言った。

「何があったかお父さんとお母さんに教えてくれないか？」

要さんは自分が見たまま、ベランダに立っていた保育園の先生と全身血まみれの同じクラスの男の子H君の話をした。

父親は話を聞き終わるとすぐにベランダに視線をやったが、どうやらそこにはもう何もいないようだった。


「最近、思うことがあるんです。ずっと、ベランダに立っている二人が保育園の先生と同じクラスの男の子だと思ってたんですけど、もしかしたらまったく違う人物だったんじゃないかって――」

当時の要さんが見てしまったモノがあまりに怖かったため、その恐怖心を少しでも和らげるために、自分の知っている誰かに置き換えてしまったのではないだろうかと。

「父親もそれがなんだったのか、もしかしたら知っているのかもしれない。もう今さら知りようもないですが、あの夜のことが今でもトラウマで、私は未だにカーテンを開けて寝ることができないんです。もう見ることもないだろうと思うんですけど――」

前方不注意

上手な車の運転のコツは前方だけを見ているのではなく、ミラーを使ってこまめに後方を確認することだそうだ。周囲の状況を把握することで交通の流れに乗ったスムーズな運転をすることができる。

僕の中学校からの悪友。涼太から聞いた話だ。

六月も半ばを過ぎた頃、日の入りが遅くなったことを実感しながら、いつもの帰り道を車で走っていた。仕事終わりの解放感からかラジオから聞こえる音楽も、窓から抜ける風も心地いい。

しばらく経つと国道から裏道へと差し掛かる。近くで工事をしている影響か、最近はトラックなどで混雑している。

いる。

「今日も混んでいるな……」

信号待ちで呟きながら、ふとミラー越しに後ろを見てニヤついてしまった。

五十代半ばを過ぎたぐらいだろうか？　白い軽バンに乗った男性がまっすぐ前を見ている。

別にその男性が気になった訳ではない。男性の隣にいる女性との距離感が目についた。

男性の肩に長い髪がかかるほど寄り添うように座っている。

まるで若いカップルの付き合いたてのような距離感だ。女性の顔は髪に隠れて見えないが、雰囲気からすると男性より若い印象を受けた。

好かれているのだろうな、と少し羨みつつ笑ってしまったのだ。

そんなことを考えていると、信号が青に変わってアクセルを踏む。

それからはミラーで後方を確認するたびに、その白い軽バンを目で追ってしまうようになった。まったく余計なお世話であることはわかっているが、一度気になってしまうと繰り返し見てしまう。

すると二回目の信号待ちになった。

相変わらず女性は男性に寄り添うように隣にいる。いや、もたれかかるといったほうがいいかもしれない。男性も相変わらずまっすぐ前を見ている。

変だな、と思った。

男性からは、横の女性を気にかける様子が少しも感じられない。話しかけるどころか、一瞥もない。

女性が寝ていたとしても、走行中の揺れで起きてしまっていないかな？　などと普通は気になりそうなものだ。

まるで隣には誰もいないかのように男性はまっすぐ前だけを見ている。

信号が変わり、車はまた走り出す。

先ほどの男性に対する違和感から、ますます後ろの白い軽バンが気になってしまう。怖いもの見たさなのか、少し渋滞している通勤路に飽きていたのか、いつの間にかミラーを覗いてしまっているのだ。

それにしても、あれほど隣の人を意識しないでいられるだろうか。いくら運転に集中しなくてはならないといえども、一人然とし過ぎている男性のことを気味悪く感じていた。

そのうちに前方の交差点が赤信号に変わるのが見えて、ゆっくりと減速をした。

自然とミラーを確認すると、思わず二度見してしまった。

白い軽バンには運転している男性しかいないのだ。

ずっと隣にいた髪の長い女性は見当たらない。途中で降りた？　いや、この裏道にそんな場所はない。ましてや先ほど二人が乗った白い軽バンを見た地点から、どこかに停車をしたりなどしていない。

そんなタイミングなんてなかったのだ。

チラチラと後ろに気を取られていると、突然、目の前に髪の長い女性が現れた。

「あぶない！」

思わず目をつぶって、強くブレーキを踏みつけた。

……

ゆっくり目を開けると、赤信号の手前だった。幸い何かにぶつかった感触もなかった。

錯覚だったのだろうか。ともかく、後方にばかり気を取られすぎていたようだ。

前方不注意なんて本末転倒だなと思っていながら、男性の乗った白い軽バンが右折していくのを見送った。

勝手に狐につままれたような気分になっていたが、本当に事故にならなくてよかったとホッとしたのも束の間だった。

それからはまっすぐ前だけを見ながら運転していた。

もうミラーを見ることもないだろう。

今になって白い軽バンの男性の気持ちがわかった。視界の端に映る髪の毛にも、隣からまとわりつくような気配にも、気づかないふりをした。

互いに見ている

北海道にも心霊スポットと言われるトンネルはいくつかある。今回は道内ではないが、札幌在住の友人みーちゃんの話を紹介したいと思う。

みーちゃんのお母さん（以下聖子さん）が学生の頃の話だという。

当時、富山に住んでいた聖子さんは、北陸一の心霊スポットとして名高い「Sトンネル」に、友人たちと行こうということになった。

このSトンネル、どんないわれがあるかというと、十九歳の少年が焼身自殺をしただとか、トンネル近くにあるKダムで遺体が発見され、その亡くなられた方の乗用車が何故かトンネル内の待避所の壁にぶつかって止まっていただとか、他にも車でSトンネルを通ると知らない番号から気味の悪い電話がかかってくるなど、色々な噂がある場所だ。

そんな場所に聖子さんを含めた女二人男二人の計四人で行こうと誘われたのだが、聖子さんには霊感があったため、怖いから絶対に行きたくないと言い張った。

「わかった。じゃあ、カラオケに行こう、それならいいでしょ？」

そう友人たちに言われた聖子さん。

（カラオケならいいか）

そう思って、言われるがまま友人の運転する車に乗った。

カラオケボックスに向かっていると思いきや、だんだんと車は道を変え、繁華街から離れていく。住宅街からもどんどんと離れ、結局はSトンネルへと向かっていた。

聖子さんは「騙された！」と思いながらも、いまさら車から降りることもできず、ただただ嫌な気持ちのまま車に乗っていたという。

聖子さんの乗っていたのは助手席の後ろ、左側の後部座席。

一緒にいる友人たちと話すのも嫌になっていたので、話しかけられても適当に相槌を打ちながら外の流れる風景をボーッと眺めていた。外の景色も、街灯が無くなってきて、どんどん暗闇が濃度を増していく。

そしてついに前方に、ぽっかりと口を開けたトンネルが現れた。周囲は真っ暗ななか、トンネルの内部だけぼんやりオレンジに光っている。時計を見ると深夜の零時を過ぎていた。

トンネルの手前付近に車を停めて車内から外の様子を窺っていると、Sトンネルの入り口手前左側に電話ボックスがあることに気が付いた。

(なんでこんなところに電話ボックスがあるんだろう?)

聖子さん、その電話ボックスがやたら気になってしょうがない。よくよく見ていると、中で女の人が電話をしているのが見えた。

タンクトップにワンピースを着ている。

周りを見渡してみるが、自分たち以外の車は見当たらない。

(車がないとこんなところまで来れないよな……)

聖子さんは、その女性から目が離せなくなった。そして、その女性が電話をかけながら、ずっとこちらを見ていることに気が付いた。

考えすぎかもしれない。でも、目が合っているような……。

場所が場所なので、急に怖くなった聖子さんは、

「みんな、あそこに女が居るんだけど!」

そう言うとみんな一斉に電話ボックスの方を注目した。途端、運転している友人が

「やばい！」と言うと、車を発進させる。大急ぎでその場を離れながら、

「見えた、見えた、なんだあれ？」

「わかんねぇけど、早く走れって！」

車内はにわかにパニック状態になった。山を下りてすぐの所にコンビニを見つけて、とりあえずいったん休憩しようと駐車場に車を停めた。

「あの女、なんだったんだろうな！　絶対にこっち見てたよな」

「あれ幽霊か？　はっきり見えたよな」

「わかんないけど、とりあえず怖かったよね！」

明るい場所まで戻った安心感からか友人たちが矢継ぎ早に喋る中、聖子さんは恐怖心が怒りに切り替わった。

「だから私は行きたくないって言ったじゃんか！」

聖子さんの剣幕に気おされたのか、友人たちも騙して連れて行ったことを素直に謝った。そのうえで、コンビニで聖子さんの好きなものを好きなだけ買ってくれるという約束を取り付ける。

みんなでコンビニに入り、騙しの主犯である男友達にあれこれお菓子などを買わせて、

聖子さんと女友達の二人は先に車に戻った。

あとは送ってもらって家に帰るだけだ。それにしてもあの電話ボックスの女は霊だったのか、それとも人だったのか。

そんなことを思いながら外を見て気づいた。

そのコンビニのすぐ隣に電話ボックスがあり、その中で電話をしている人がいる。

タンクトップにワンピースを着ている女性――。

え?

間違いなく、先ほどSトンネルの電話ボックスで見た女だ。さっきと同じく、受話器を耳に当て、こっちをじっと見ている。

その姿は聖子さんにしか見えなかったという。

三笠の賽の河原

スリラーナイトに遊びに来てくれた美穂さんはお酒の飲み方が綺麗で、僕を含めたスタッフに対してとても優しく、気さくな方だ。

そんな美穂さんが「頭がおかしいって言われちゃうから信用している人にしか話したことがないいんだけど、聞いてほしい話があって」と言って少し困っているような表情を浮かべた。

僕はなんの話をされるかもわからず「僕で良ければ聞きますよ?」と答える。

すると、美穂さんがさっきと同じような少し困ったような表情のまま、

「今から十五年ほど前の話なんだけど」

そう言って美穂さんは話し始めた。

「どうしても、理解ができないことがあって――」

専業主婦であった美穂さんは、旭川《あさひかわ》にあるご主人の実家に車で向かっていた。

毎年、お盆には子どもを連れて家族で帰省していたので、その年も同じだった。

実家に一泊した翌朝、義父と義母、ご主人と子どもを連れてお墓参りに行く。ご先祖様へのあいさつも終わり、さて実家に戻って昼食を、と思ったら、お義母さんが「お願いがある」と言う。

「どうしても行きたいところがあるから、三笠《みかさ》まで車を走らせてもらっていいかしら?」

断る理由もないし、むしろいつも控えめな義母がお願いしてくることなどないので、

「全然大丈夫ですよ!」

と美穂さんも答え、ご主人は皆を乗せた車を旭川から三笠方面に向けた。

普通に国道を走って、変に細い道とか山道とかも入ることはなく、義母の指示したところを数回曲がる。

「そこそこ!　そこが目的地だから駐車場入って」

細い道を抜けると開けたところに駐車場があって、ご主人はそこに車を駐車した。

停まると義母も義父も車からさっさと降りるので、美穂さんも降りて周囲を見渡した。

駐車場には公衆トイレと、管理人が詰めているような小屋がある。そして他にも二台ほど車が停まっていた。

看板もなく「ここってどこなんだろう」と美穂さんは思っていたが、みんながさっさとどこかへ向かって歩いて行くため慌ててついて行く。

みんなの背中を追っていると、ふいに目の前が開けた。

あたり一面に石が積んである風景が広がる。そこは、登別《のぼりべつ》の地獄谷を小さくしたような、賽《さい》の河原《かわら》のような場所である。

積まれた石たちは、一見したところひとつとして崩れているものはない。いや、よくよく見ても、積まれている石以外、地面には小石一つ落ちていない。

(え?)

美穂さんはこの異様な光景に目を丸くしたが、義母たちもご主人も子どもも、驚いた様子もない。

函館の恵山《えさん》に賽の河原があることは知っているが、ここは三笠。恵山から三四〇キロ以上離れているし、三笠周辺に賽の河原があるなんて話は一度も聞いたことがない。

義母に「ここってなんですか?」と訊いてみる。義母は、

「ここでは昔、火山の噴火があったの」

そう言って、賽の河原に向かって歩き出した。

「あの――この積んである石たちはなんですか？」

ここを歩いて行くんだと思いながらそう訊くと、義母は首を傾げながら、

「……さあ？」

と不思議そうな顔をして先を行く。続く義父にも同じように訊いてみるが、

「……さあ？」

やはり首を傾げて歩いて行ってしまった。

意味がわからない。「連れて行って」と言われて来たものの、何をするわけでもなく、ただ歩いているだけだ。

この二人に聞いても埒が明かないと思った美穂さんは、ご主人と子どもを捕まえて訊いた。

「お義父さんもお義母さんもここがどういう場所なのか教えてくれないし、この周りに積んである石、変だよね？」

しかしご主人だけじゃなくて子どもまでも「……さあ？」と同じような反応しかして

くれない。

（私が変なの？）

美穂さん駐車場に車が他にもあったことを思い出して、他の人たちに声をかけようと思いあたりを見渡すと、すぐ前方に二十代くらいの男女を見つけた。二人は真剣な面持ちで石を積んでいる。

しばらく石を積んでいる様子を見ていたが声をかけようと一歩近づいた時に気が付いた。積んである石以外、石なんて一つも落ちていないのに二人は石を積んでいる。どこからかわざわざ石を持ってきていたのだろうか、しゃがんで石を積んでいるその様子も異様に見えた。

どうしてもここがどういうところなのかが気になる。駐車場の管理人に訊けばいいか、と駐車場へと引き返すと小屋の扉を叩いた。

しかし、いないのだろう、結局、管理人は出てこなかった。

やがて、義母たちが駐車場に戻ってきた。

「お待たせしてごめんなさい。帰りましょう」

聞きたいことはたくさんあったものの、この場で訊いてもさっきと同じく何も教えてくれないだろうと思い、美穂さんは何も訊かなかった。

実家に着いてから、改めて「あの場所はいったいどういう?」と訊くが「……さあ?」と話にならない。

「たくさんの細かな石が積んであったけど、あれはなんだったの?」と訊くが、まるで美穂さん以外の人には見えていなかったかのように「……さあ?」と言うばかり。

結局、何も教えてもらえなかった。

自宅に帰ってご主人に訊いても、まるで訊いてほしくないような感じで、食い下がっても適当にあしらわれる。

そのうち、美穂さんも訊くことをやめたという。


一年後のお盆の時期、ご主人の実家に帰省した時のこと。

美穂さんは改めて、義母と義父に「去年に行った賽の河原みたいな石を積んだところ、あそこはなんだったんですか?」と訊いてみた。

すると「……さあ?」と、一年前とまったく同じリアクションで、それはご主人や子どもも同様で美穂さんはやはり狐に抓まれたような気持ちになったという。

その翌年も、実家に帰省した際に同じ質問をしていた。

しかし返答はいつもと同じ。

四年後、あの日から四度目に訪れた実家で同じ質問をしてみた時のこと。

「前に、たくさんの石が積んであった、賽の河原みたいな場所、あれ、どこでしたっけ？」

そうしたら義母が不思議そうな顔をして言った。

「なんの話だろ、そんなところに行ったことあったっけ？」

とぼけているように見えなかった。

義父にもすぐに訊いてみたら、

「そんなところには行ってないよ」

義母と同じようにキョトンとして答える。

ご主人も子どもも同様だった。

「なんらかの理由があって、大人たちが覚えていないふりをするのはまだわかるけど、子どもがわざわざとぼけるなんてことありうるのかな？」

美穂さんは本当になんだったのかわからないのよ、と頭をひねる。

一年前まではみんな、話したくないような感じで「……さあ？」なんて言って誤魔化してたのに――。

「だから、誰かこの場所について知っている人はいないかな？　旭川から三笠の間で、まるで登別の地獄谷を小さくしたような場所に、賽の河原みたいに石が積んであるものが大量にある場所――」

ねえ、誰か知らないかな？

赤い傘とＫ団地

知り合いから「怪談あるよ」といって、聞かせてもらった話。
現在も舞台となる場所に人が大勢住んでいることと、自分の身バレを防ぐために濁させてほしいという条件のもと話してくれた。

場所は言えないけど、私の実家の周辺って変なことがたくさん起こる場所だったんです。治安が悪いとは少し違って、心霊現象とでもいうのか、とにかく変な現象や事件が起こる場所でした。

私の実家はＫ団地という新興住宅地で、新築の建売住宅が並んでいるうちの一軒に私たち一家が入ったんです。かれこれ十年くらい前になりますが、当時、私は高校生で弟は中学生。両親はどちらも夜の仕事をしていたから、帰ってくるのはだいたい明け方近く。なので、弟と二人きりで過ごす時間が長かったんですよ。

その夜も弟と二人でリビングでテレビを見ていると、
パキッ、パキパキッ
家の中であるのは間違いないんですが、どこからともなく音がするんです。

深夜近い時間だったので私も弟も怖かったんですけど、気にしすぎたらもっと怖くなるじゃないですか。

ですから、二人とも気づかないふりをしていたんですけど、数十分おきに家の中でどこからともなく〈パキパキッ〉と音が鳴り続ける。

二人とも気づかないふりの限界が来ちゃって、音のことには触れなかったんですけど、今日は二人でリビングで寝ようって話になって。

だいたい朝の六時過ぎくらいだと思うんです。

玄関のドアが開く音で目を覚ましました。廊下を歩いてくる音がしてリビングの扉が開いて――お母さんが帰ってきたんです。

弟はまだ寝ぼけていたもんですから、私が昨夜の音のことをお母さんに説明すると、

「新築だから家鳴りでもしたんでしょ」

と相手にしてくれなかったんですね。

あまりにもあっけらかんとお母さんが言うので、怖がっていたのが急に馬鹿らしくなっちゃって、弟と「二人して怖がったの恥ずかしいね」なんて言って笑ってたんです。

それから数日後なんですけど、私その当時、学校のサボり癖がありまして、その日も朝起きて外を見たら雨が降っていたんで、学校に行かず家でのんびりと過ごしていたんです。弟は学校に行ってるし、両親も昼から出かけて家には私ひとり。

確か十四時過ぎだったと思うんですが。

「うわぁぁぁぁぁぁぁぁ！！！！」

玄関の方から男の人の叫び声が聞こえてきたんです。

え？　なに？　なにが起きているの？　と思っている間に、
ガチャッ、ガチャガチャッ、バタンッ
玄関が乱暴に開けられる音がすると、バタバタバタバタという足音と共に叫び声がどんどんリビングに向かってくる。

私、びっくりして動けずにいると、勢いよくリビングの扉が開いたと思ったら、傘を持っているのに全身ビッショビッショのずぶ濡れになった弟が「ゼーゼー」と蒼白の顔で息を切らしながら入ってきたんです。

「なんで傘を持ってるのにそんなに濡れてるのよ。というか、なんでそんな声を上げて帰ってきたの？」

そう訊いた私に弟がひきつった顔のまま話し出しました。


弟は、学校から友達と一緒に帰っていて、いつもの分かれ道でひとりになると、家のあるK団地に傘をさして向かっていた。

分かれ道からの右手側に鬱蒼とした林が広がっている場所があるが、ちょうどそこに差し掛かった時、林の奥に何やら赤いものがあるのが視界に入った。

赤い傘かなと思った弟は、林の合間を見つめたけれど、何もない。気のせいかと思い歩き出すとまた視界に赤いものが入る。

一定の距離を保ちながら、ずっと視界の端に赤いものが入ってくる。

そこではたと、おかしいと思った。自分は道路を歩いているのに、なんで林の中のそれは同じスピードで並走してこれるのかと。しかも、感覚としてそれは、自分のことを追ってきているように思える。

怖くなった弟はおもむろに傘をたたむと同時に、無我夢中で走り出した。赤いものが追ってきているかどうか、振り返ったらいけないと思いながら走り続け、林の道を抜けて、あと少しで自分の家――。

玄関の前までたどり着いた時に、そこまで頑《かたく》なに後ろを振り向かなかったのに何故か後ろを見てしまった。

振り返った先、玄関側の向かいには公園があるのだが、その公園の滑り台の下に赤い色のものがあった。

赤い傘をさした女がひとり、ぽつりと立っていて、弟は何故か「あの女が追いかけてきていた」という確信があって、怖さのあまり声を上げて家の中に入ってきた――。

弟の話を聞いた後、私が玄関から公園を見た時には、赤い傘をさした女の人どころか、誰ひとり、そこにはいなかったんですよ。

そんなことがあってからしばらく経ってのことです。

私の部屋は二階で、窓が部屋の南側と西側にひとつずつあって、その窓がある角の壁際にベッドを置いていたんです。

頭の方には南側の窓があって、左を向けば西側の窓が見える。

お父さんがベッドを組み立てて設置してくれたんですけど、最初はよかったんですが、だんだんとベッドの位置が嫌でしょうがなくなった。

理由は、何故か寝ている時に限って、西側の窓にカラスがすごい勢いでぶつかってくるんです。頻繁に起こるので、模様替えをしたかったのですが、そうすると他の家具も動かさなくてはいけなくて、なんとなく延ばし延ばしになっていました。

そんなある日の夜、いつも通り部屋で寝ていたら、夜中に寒くて目が覚めたんです。

何でと思ったら、掛け布団がなくなっている。ベッドの下に落ちたのかと見てみたらない。暗い中部屋を見渡すと、ベッドの位置から正反対の、部屋のドア前に掛布団がグチャッとなった状態で落ちていました。

なんであんなところに？　と思ったものの、あまり深く考えず綺麗にベッドメイキングしてから布団に入りなおします。

再び寝ようとしたところ、自分が寝ているベッドの両脇から、
ずずずずっ
黒い影のようなモノが出てきた。

え？　どういうこと？

うまくモノが考えられない。呆然とその黒いモノを見ていると、それは自分の顔に向かってか、それとも寝ている頭の後ろの南側の窓に向かっているのか、どんどんと這い上がってくる。

とっさに布団を頭からかぶってじっとしようとする。でも、恐怖で体は震えていた。起き上がる事も怖くてできなかったんです。

どれぐらいそうしていたのか——気が付けば朝になっていて、あれが夢だったのかなんだったのかわからないままでしたが。

そんな変なことが頻発する家だったんですよ。

ちなみにそのK団地では、私たちが引っ越してきてからの一年の間に知っているだけでも七人が亡くなっています。死に方は様々で、自殺、事故、突然死。すべてが団地内の出来事で、亡くなった七人全員が前日まで元気に日常生活を送っていました。

今はそんな奇妙なことは起こってないと聞きますが、私が実家に帰ることはないでしょう。

きっとあの団地に住んでいるみんなは当たり前になってしまって気が付いていないだけで、あの場所は今も異常なままだと私は思っています。

私の中の異常を正常にしないためにも、実家には近づきません。

T北高校の廊下

平成二十七年に閉校となった、札幌市にあるT北高校を卒業した美咲さんから聞いた話。

T北高校は、当時の在学生や卒業生、部活で帰るのが遅くなる生徒たちの間では有名な話だが、幽霊が出る高校だったのだという。

他にも「定期的に生徒が死ぬ」と言われていて、現に美咲さんが在学中に隣のクラスの生徒が硫化水素自殺をしたという。また高校の隣に沼があり、そこは自殺の名所として一時期、毎週のように人が死んでいた。

二年生の美咲さんは、そのようなちょっと嫌な噂が多いこの高校の生徒会に所属していた。三年生に代わり主要な仕事を任されることが多くなり、帰る時間が完全下校時刻間際になることが多々あった。

ある日の放課後、生徒会室で作業をしていると生徒会の顧問の先生が入ってきた。

美咲さんが挨拶をすると先生は目の前の椅子に座って、なんともいえない表情を浮かべながら言った。

「あのさぁ、念のために言っとくけど、暗くなったら、ちょうど生徒会室と正反対の位置にある二階の廊下には絶対に行くなよ」

突然そんなことを言われても、美咲さんには意味がわからない。

この高校の校舎は少し変わった形をしていて、中庭があり、それをグルリと回廊のように囲む形になっていた。

生徒会室は三階にあり、当時美咲さんは学校祭の実行委員長もやっていたため一階にある体育館と生徒会室を行ったり来たりすることが多い。

そして、先生が「絶対に行くなよ」と言った二階の廊下は、その体育館に行くための最短ルートだった。

今までそんなことを言われたことがなかったので、美咲さんは先生になんで行ったらダメなのかを聞いてみる。しかし先生は詳しいことは教えてくれなかった。

唯一教えてくれたのは「怖い目に遭うから」それだけだった。

それから数日後、学校祭の実行委員の仕事が本格的に忙しくなってきて、同じ実行委員の仲の良い女性の先輩と二人で、作業をするために体育館へ行くことになった。

下校時刻間際で急いでいたのもあり、顧問の先生には絶対に行くなとは言われていた二階の廊下に先輩と二人で美咲さんは行った。

七月中旬のとても暑い日だったが、行くなと言われていた二階の廊下に着いた時、美咲さんと先輩は足を止めた。顔を見合わせると何も言わずにその場を離れ、遠回りをして体育館へと下りる。

異常なほどに寒かったのだという。その廊下に一歩足を踏み入れた瞬間、そこだけ「極寒」という言葉がぴったりなほど、とても寒かった。

体育館に行き、作業をしながら先輩と美咲さんは「あそこは本当にダメな場所なんだね」と話をしていると、作業に立ち会っていたT北高校に勤めて十数年というY先生が会話に入ってきた。

「二階の廊下の話か？　あそこは普通に幽霊が出るからな」

美咲さんは先生の突然のカットインに驚きながらも「あそこやっぱり何かあるんですか？」と聞くと、先生は次のように話してくれた。

Y先生は英語の教師で、授業でたまに使う「LL教室」が二階の廊下のところにある。オーディオやビデオ、コンピュータなどの機器を使って外国語を学ぶ授業をその教室でおこなうのだ。

そのLL教室で、奇妙な現象がよく起こる。

LL教室で、あるリスニングの授業中、生徒たちがテキストをこなしている間にY先生は教壇で期末テストの作成していたそうだ。

すると急に、教室全体がざわざわと騒がしくなってきた。

Y先生はテストの作成に集中していたので顔も上げず、しばらく放っておいたのだという。

しかし、どんどんどんどん生徒たちの騒ぎ声が大きくなってくる。

(仕方ない。一度手を止めて注意をするか）そう思い、

「おい、うるさいぞ。ちゃんと音声を聞いてテキスト進めろ」

顔を上げると、生徒たちは誰ひとりとして喋っておらず、全員ヘッドホンをしたまま黙々とテキストに向かっている。

気がつけばあれだけ騒がしかったはずなのに、生徒たちのペンを走らせる音しか聞こえない。

何人かの生徒が顔を上げるとヘッドホンを外し「先生、何か言いました？」と聞いてきたが、呆気に取られていたY先生は「何もない」と言って誤魔化したという。

他にも、生徒たちがヘッドホンをつけてリスニングの授業をしている時に、その場には存在しないはずの赤ちゃんの泣き声が聞こえるという話もあるそうだ。

そしてついには音だけではなく、放課後にLL教室の中や前の廊下を赤ちゃんがハイハイしているところを見たと言う生徒が何人も出てくることに。

そんなことがあったので、二階のLL教室前の廊下やLL教室には用事がない限りは放課後は近づいてはいけないと、屋内で遅くまで作業をする生徒にのみ教えているのだという。

T北高校は近くの高校と合併されて、すでに閉校してしまった。

閉校が決まった時点で校舎は壊されて更地になるという噂を美咲さんは聞いていたが、まだ築年数が経っていないので売りに出せば高く売れるということで、その計画は中止になったらしい。

その後も老人ホームになるとかいろいろと噂はあったものの、最終的には養護学校になり、今では毎日多くの人が出入りしている。

「養護学校なら夜は使わないでしょうしね。きっと老人ホームになる計画が中止になったのも何か物理的に奇妙な現象が起きたんじゃないでしょうか？　一体何が起きたか私はわかりませんが、今でも私は暗くなると、出身校の周辺には近づかないようにしています」

美咲さんはそう言う。

廃虚に棲む白い影

スリラーナイトに遊びに来てくれた金髪メッシュの三十代男性の体験談なのだが、その話し方があまりにも上手だったため、その方の表現をなるべく壊さないようにまとめた話である。

僕の地元は函館で、函館には地元で有名な「Mテローザ」という廃墟がある。函館市の中心部から車で一時間ほど離れた北海道函館市柏野町にある、バブル全盛期の一九八八年にオープンした複合リゾート施設だ。

巨大な涅槃《ねはん》像や黄金の菩薩《ぼさつ》像なども敷地内に建てられ、ホテルや温泉などがある豪華な観光スポットだったが、経営不振により一九九九年にすべての施設が閉められた。

以降、そのまま朽ちて今に至る。

そのMテローザ、地元ではとても有名な心霊スポットで、誰もが肝試しに一度や二度は行ったことがある場所なのだが、男友達の島本が友人たちと出かけた時に体験したという話を聞いた。

その夜、島本は彼女を含めた友達五人で、Mテローザに肝試しに行くことにした。車は二台、島本が運転する車には彼女と男友達がひとり乗って、もう一台の車には男友達が二人で乗っていた。夜の九時頃集合して出発、四十五分ほどで目的地であるMテローザに到着した。このあたりは民家も少ないので夜は真っ暗になる。到着したのは夜の十時近く。暗闇により何も見えないため、用意しておいた懐中電灯をそれぞれ手に持つと内部へ潜入した。

どこを見るかは決まっていた。

Mテローザのホテル廃墟には、絶対に幽霊が出ると言われている部屋があり、そこに行くのが目的だった。

ホテルの建物への入口には、朽ちてはいるものの、立派な門がある。それを開けて敷地内に入る。建物内も荒れているが、装飾や家具などはいまだに残されたままになっており、不気味なことこのうえない。

中に入ってすぐ、ホテルの奥から一組のカップルがこちらに向かって歩いてくるのが見えた。

声をかけると、このカップルも肝試しに来たということで、同好の士ということです ぐに打ち解ける。

「何か現象は起きましたか？」

「全然何もないよ。バブル時代に出来た建物だから、バブルっていうものがどういうものだったのか歴史の勉強をしたって感じかな」

二人はつまらなそうに言うと、外へと出て行った。

そんなカップルのリアクションに、五人とも興が削がれてしまった。

「何もないみたいだけど、ここまで来たことだし、とりあえず中を見て回るか」

ホテルの中は当時の新聞や雑誌、飲みかけのペットボトルなどゴミが散乱している。

新しい発見や奇妙な現象が起きることもなく、時間だけが経過する。気がつけば探索を始めて三十分が経過していた。

すると飽きてきた友達のひとりが島本に、

「おまえ、ちょっと頑張って探してくれよ」

と言い出した。

実は島本には霊感があり、集中すれば幽霊を見ることができるという。

ただそうやって集中するとそのあと疲れてだるくなるので、普段なら絶対にやらない。

しかし彼女もいる手前、ここまで来て何もないのは面白くないと思った島本は「そんなのやらねえよ」と言いながらも、こっそり集中して神経を研ぎすませた。

周りを見渡す。

すると、前方十数メートル先に白い影が視える。

その白い影は廊下の突き当たりへと動き、その先にあるトイレの中に入って行った。

「ちょっと、あそこのトイレの中を見てみようぜ」

島本は白い影が視えたことを隠し、五人でそのトイレの中に入った。

「ねえ、なんで急にこのトイレにきたの？」

彼女が聞いてきたが島本は「なんとなく」と言って誤魔化す。

他の三人は、違うところを見て回ると言って、すぐにトイレから出て行った。

トイレで彼女と二人きりになった島本は、また霊を見るためにこっそり集中する。

すると、先程の白い影が個室の中に入っていくのが見えた。

その個室の扉は閉まっていて、白い影は扉をすり抜けていったのだ。

「この個室の扉、開けてみ?」

島本は彼女にそう言った。彼女は、怖がりながらも扉に手をかけゆっくりと開けてみたが――そこには洋式便器があるだけ。

個室は二つ並んでいて、もうひとつの扉を開けても特に何もなかった。

「何もないじゃん! 怖がって損したよ」

声を上げた彼女と二人で笑いながらトイレから出て、廊下に戻った。

その瞬間、背後から強い視線を感じた。

島本は、その視線に意識を集中させると、視線を自分たちに向けているナニかが非常に強い殺意を持っていることに気が付いてしまった。

霊感がないはずの彼女も廊下に出てすぐになぜか島本の腕をぎゅっとつかみ、顔を見つめてきた。恐怖に顔が強張っている。

島本は(やべえ)と思いながら、彼女につぶやいた。

「絶対に後ろを振り向くなよ」

彼女は小さくうなずく。

「これから走るぞ。別行動を取ってるアイツらともすぐに合流しよう」

走り出す直前、自分は何がいるのかを把握しておいたほうがいいと思い、後ろを振り向いた。

そこには、髪の毛が腰ぐらいの長さまである、ウェディングドレスのような白い服を着た女がこっちを見て立っていた。正面を向いているはずなのに顔が写真のピンボケのようになっていて表情はわからない。

全身がピリピリと痛むくらいの殺気を女は飛ばしてくる。

（すぐに逃げなきゃ）

島本が彼女とともに走り出そうと正面を見た時に、別行動を取っていた三人がいつの間にか少し先にいて、こちらに向かって歩いてきていた。

「こっちくるな！　トイレに女の霊がいるから戻れ！」

必死になって伝えるが三人は「幽霊いるなら見たいんだけど」と言って、小走りでこっちに来ると、トイレの方へ向かいながら「なんもいねぇじゃんか、嘘つくなよ」とへらへら笑っている。

島本も後ろを振り向いたら、さっき見た女がいなくなっていることに気が付いた。

「ていうか、島本。おまえが言っていた、幽霊が絶対に出るとかいう部屋どこなんだよ。探してもそれっぽい部屋、見当たらないんだけど」

男友達のひとりが島本に詰め寄る。その時、その男友達が何か雑誌のようなものを踏み、足元でガサッと音が鳴る。

それはMテローザの施設案内の冊子だった。

「足よけろ、それ見たら場所がわかる」

冊子を拾い上げて中を見る。とてもわかりやすい施設案内のマップがあり、それを手掛かりに目的の部屋に向かうと、すぐにその部屋は見つけることができた。

襖に手をかけて開けたそこは、部屋というよりも宴会をするような大広間だった。

「これか、おー、やっと見つけたな！」

男友達が中に入っていって、それぞれに見たいところを見て回る。だが、怖いことは何も起きなかった。

「Mテローザ、面白くないな。一時間以上見て回ったし、もう帰るか」

腕時計で時間を確認すると深夜一時三十分を過ぎていた。

島本は男友達が帰ると言ってくれてほっとした。

というのも、どうもまたあの妙な視線を感じていたからだ。

みんなで大広間を出る直前、島本は背後から視線を感じた。間違いなくさっきの女の気配、殺気で全身がピリピリと痛む。

その瞬間、島本はひとり猛然とダッシュしてホテルから外へ飛び出していた。停車していた車に飛び乗るとエンジンをかけて走り出そうとする。

ハッと我に返り、車の中で冷静になるため大きく深呼吸をし、窓を開けた。

ホテルから出てきた四人が、島本に向かって何かを叫んでいる。

「みんなごめん！　でも、ここマジでヤバいから早く帰るぞ！」

行きと同じく、島本の車には助手席に彼女、後部座席に男友達ひとり。もう一台の車には男友達二人が乗り、車は走り出した。後部座席の男友達は、

「おまえがひとりで車で帰らないでいてくれて良かった。お前の反応見てマジでヤバいのはわかったから早く帰ろう！」

そう言ってひきつった顔をした。

車を発進させてすぐルームミラーを確認すると、ホテルの前に立つ白い服を着た女の霊が見えた。相変わらず表情はわからない。

函館市内に戻りながら、島本が携帯電話で後ろからついてくる友達に電話をした。その友達は携帯でホテル内を撮影していたのだ。

「絶対に女が写ってると思うから、画像を確認してくれ」

それだけ言って電話を切る。すると、すぐに折り返しがあった。

「マジで女が写ってるわ……。おまえが言ってたのって嘘じゃなかったんだな。おまえが逃げたから俺らもホテルを飛び出したんだけど、正解だった」

「ビビってひとりで逃げてごめん。でも、あの時はもう限界だったんだよ。あとは帰るだけだから安全運転で帰ろうな」

再び電話を切ると運転に集中する。しかし、またすぐに後ろの車に乗る友達から電話がかかってきた。

「もしもし、どうした？」

電話越しの友達の呼吸が荒い。

「島本、おまえの車ヤバイぞ。おまえたち三人しか乗ってないのに、後ろから見てる俺たちの目には、おまえの車に四人の頭が見えるんだよ！」

島本はそんなわけがないと思った。

なぜなら彼女と男友達を車に乗せて発進する前に、すべてのドアの鍵が掛かっているのを確認した。この時に「おまえ、憑いてくるなよ」とひそかに念を入れておいた。島本は少しだけそういうことはできるのだったが――。

電話を切ってすぐ、助手席の彼女と後ろに座る友達に声をかけた。

「なぁ、ドアの鍵が掛かってるか確認してもらっていい？」

すると、後部座席に座っていた男友達が言った。

「運転席側の後ろの扉、鍵掛かってなかったよ。今、掛けといた」

深夜の店に響く怪音

怪談を話すと霊が寄ってくるという話を一度は聞いたことがあると思う。

それにより、各々の霊感が高まるのか、それとも「自分の話をしている」と霊が寄ってくるのかはわからない。

では、怪談を声に出さなければ霊は寄ってこないのか。読むのは？　聞くのは？　考えるのは？　そして、書き綴るのは……？

これは執筆している今まさに起きている話だ。

現在、朝の六時十八分。

札幌市中央区すすきのにあるスリラーナイトすすきの店の楽屋で執筆中である。

スリラーナイトは僕が勤めている職場の店名だ。

一時間ほど前に、僕以外の従業員は仕事を終わらせ全員退店し、僕は執筆のためにひとり店内に残っていた。

目の前にはパソコンとタバコ、そしてグラスに入ったお茶が置いてある。集中して執筆するために、必要最低限の物以外は机上に置かないようにしているのだ。

執筆の準備は万端だった。はずなのに……トラブルが発生した。

書き始めて間もなく、ホールから突然大きな音が聞こえてきたのだ。


バンッ！　ガンッ！　ガッシャーン‼


店内には、天井から吊るしているタイプの装飾品やスピーカーなどがある。どうやらそれらの何かが原因はわからないが落下してしまったようだった。

出鼻をくじかれた僕は、少しイライラしながらホールに出て行く。

いったいどれが落ちたんだ？　なんで落ちたんだろう？

照明を点けてホール内を見渡すが、営業終了後の清掃が終わり綺麗に整理整頓された見慣れた光景が広がっているだけだ。

勘違いだったか？　自分の職場内で発生した音ではなく、同じビルの違う店の音だったのだろうか？

疑問を残したままだったが楽屋に戻り、執筆作業を再開する――。


ガリガリガリ……ダンッ！　バンッ！


執筆作業を再開してから五分もせずに、再び大きな音が鳴り始めた。

作業している手を止め、聞き耳を立てる。

そして僕は確信した。音は間違いなく店内で鳴っているのだ。

（そうか、霊現象が起きているのか！）

普段ならば現象を記録に残すためにカメラを回したり、思いつく限りの検証をするのだが、今はそんな余裕はない。何故ならこっちは締め切りに向けて執筆をしているのだ。

相手をしている暇なんてものは無い。

ホールから音が鳴り続けていたが無視して、僕は書いている手を止めなかった。

しかし、ホールから聞こえてくる音が激しさを増していく――。

バン！　バン！　バン！　ガシャンッ！　ドーンッ！　キュ、キュ、キュ、キュ‼

めちゃくちゃうるさい。執筆どころじゃないぐらいうるさい。もう怖いとかじゃなくて単純にうるさくて集中できない。

「うるせぇな！　今仕事中！　そんな現象を起こすの今じゃない！」

堪えきれなくてキレてしまった。でも、相手も負けていない。

ガシャガシャガーンッッ！　ドンッ！　ガリガリ、バン！　ドス…ドス…ドス…

ひときわ大きい音を出した後、自分の存在を知らしめるかのように、わざと足音を立てて歩くような音が店内をぐるぐる回り出す。

（よし、ヤキ入れよ）

執筆の邪魔をされているということが許せなくて、何かができるわけでもないのにホールに飛び出して行った。

しかし、相手もずるいのだ。

僕が楽屋から出てホールに立つと、まったく音が鳴らなくなる。

ぶつける相手がいなくなったイライラをどうにか発散するために、僕はトイレにこもった。スマホで音楽を流し、気持ちを落ち着かせる。

何十回何百回と聞いてきた、お気に入りの曲――。

(この一曲を聴き終わったらトイレから出て、執筆を再開しよう)

そう思った時。

聞き慣れたメロディに重なり、何やら知らない音が聞こえる。いや、音じゃない。

これは……女の声だ。

そもそもこの曲に女性のコーラスなんて入っていないはず。特別バージョンとかあったっけ?

携帯の画面を見ると、いつも聴いている曲のいつも通りの再生画面。

首を傾げている間に曲が終わって再生が停止した。スマホからは何も聞こえない。だが、まだ女の声が聞こえる。それは、トイレの扉の前から聞こえてくる。

何を言っているのかわからないが、甲高《かんだか》い声でこちらに話しかけているようだ。

間違いなく、僕のいるトイレに向かって女が喋っている。

トイレの出入り口はひとつ。逃げ道はないし武器もない。

これはマジでずるいと思う。まず僕には霊感がないからハンデとかがあってもいいと思うし。——てか、執筆中だし。

いろいろとどうすればいいかを考えた結果、何かしら声をかけてトイレの扉を開けることにした。そうする間も、相変わらず女の声は聞こえ続けている。

「出るよー！　勢いよく扉開けるから前にいたら危ないよー！」

言葉通り扉を勢いよく開けてトイレから飛び出すが、もちろんそこには誰もいない。

ここにきて、ついに少しだけ怖くなってきた。

執筆しなければならないが、しようとすれば邪魔されるし、女の声も聞こえるし——

何よりトイレを出てきてから店内の空気が、先ほどまでと違うのを感じる。

例えるなら、カラオケボックスで間違って違う部屋に入った時のアウェー感とでもいうのだろうか。

「あ、出て行かなきゃ」

瞬時に悟る、あの感覚に近い。

でも、ここは僕の職場なのだ。なんで僕が出て行かないとダメなんだ。

そこで僕は考える。

これからホール全体を見渡して、何も変化がなければ楽屋に戻って執筆を続ける。もしホール内で何かがあれば、ひとつ上の階にある友達の店に逃げ込む。

店の出入り口に一番近い、店内を見渡せる位置に立つ。音も声も何も聞こえない。

注意深く店内を見渡す。ふと気になって目をやったのは、僕が立っている場所とちょうど対角線上のところに置いてある身長一七五センチほどの通称「昆布茶」という口を大きく開けた男性の人形。まさにその口を大きく開けた顔が目に飛び込んできた。

（なんか怖いな……）

次の瞬間、壁に寄りかからせるように置いてある「昆布茶」が、ゆっくりと上体を起こすと横のスピーカーにゆっくりともたれ掛かり、僕に目線を合わせてきた。

自分の息がグッと詰まったのを自覚した。

「オッケー、わかったよー」

余裕を演じ、どうにか絞りだして言ったと同時、僕は店を飛び出して階段を駆け上った。そして友達のまさきが店長を務めるバーに逃げ込んだ。

「とりあえず三分ちょうだい！」

ひきつった顔のまま、タバコに火をつける。

まさきは動ずることもなく「水でも飲む？　なんかあったの？」と聞いてきた。

僕は事の顛末をすべてまさきに伝えた。

話している間に少しずつ気持ちに余裕が戻ってきた。そして話し終わる頃にちょうどタバコを吸い終えた。

「――っていう出来事が今さっき、店で起きてたんだけど、これから戻って、このことをそのまま書いてくるわ！」

僕はまさきの店を後にした。

店に戻ってみたが、店内の空気は先ほどとあまり変わらない。楽屋に入ってパソコンに向かうが、ホールからは変わらず大きな音や足音が聞こえている。

僕はそんな妨害を乗り越えて八時十二分、この原稿を書き終えた。


さて、あなたは一冊分の怪談を読み終えたが、周囲に異変は起きていないだろうか？

あとがき

「何故、整骨院の先生という人を助ける仕事から怪談師になったんですか？」

いったい何百回聞かれたんだろう。

もちろん怪談は好き。心霊スポットも行くし、降霊術だって出来るものはやりたいし、霊感がある人なんて興味の対象でしかない。でも、それらを理由に怪談師になりましたと答えたところで質問の答えにはなっていないだろう。

強いて言うなら「働きたいと思った飲食店がたまたま怪談ライブバーだったから」だ。これで納得してくれるなら、これ以上答えることはない。だけど中には納得しない人もいる。

「せっかく国家資格まで取って医療従事者として人を助けられるのにもったいない」

確かにそうなのかもしれない。治療院にいる時は患者さんに毎日のように「ありがとう」と言ってもらったり「おかげさまで明日からも仕事頑張れるよ」「先生に会うと元気になれるんだよね」「やっぱり先生の施術が一番だわ」など、たくさんの言葉をいただいた。温かい言葉の数々はありがたくて、来院時、苦しそうな表情の患者さんが笑顔で帰っていくのを見送るのが生きがいだった。

じゃあ、今の仕事は……？　怪談を始めてからの九年間を振り返る。

来店したお客様とお喋りをして距離を縮めて信用してもらう。ライブの時間になればステージに上がり怪談を披露する。

お客様の息をのむ音や怖がっている気配、悲鳴が上がり「もう嫌だ！　帰りたい！」と、接客業としてありえない言葉が飛び交う。

ライブ終了後、改めてお客様に挨拶をしに行くと「めちゃくちゃ怖かった！」「目の前で聞く怪談ってすごいんですね」「これで明日からも仕事頑張れるよ」「匠平の怪談が一番だよ」「また来るからね！」……あれ？

そうか。僕が怪談を続ける理由はここにあったんだ。整骨院の先生として人助けは出来ていないけど、今は怪談を通して、楽しみに来てくださったお客様に喜んでもらえるように、笑顔になってもらえるように、明日の活力になってもらえるように怪談を続けているんだ。人に喜んでもらえる、笑顔を作ることのできる怪談師になろうと思って続けてきたんだった。

そうなれたかはわからないけど、気がつけば整骨院で患者さんから貰っていた言葉を今は怪談の現場でお客様から言っていただけている。当時と仕事内容は変わったが誰かの笑顔を作ることができている。本当に幸せだ。

でも、ここでひとつ伝えたいことがある。

お礼を言いたいのはいつも僕の方だ。遊びに来てくれて、楽しんでくれて、怪談を提供してくれるみんながいるから僕は怪談師でいることができる。

本著に関しても怪談を提供してくれた、取材に応じてくれた、たくさんの方々のおかげで書き上げることが出来た。身バレ防止のためにフェイクを入れている部分ももちろんあるが提供者の方々に敬意を表して、忠実に書かせていただいた。

怪談とはその人の人生の一部を切り取ったものだ。人様の人生を語らせていただける職業なんてそうそうないだろう。

そんな人生の一部をありがたいことに「匠平に話してほしいんだ」と言ってくださる方々がいることに感謝しかない。

この場を借りて改めて感謝を述べさせてください。

いつも迷惑ばかり掛けているのに一緒に仕事をしてくれている「スリラーナイト」のスタッフ、お店やイベントに遊びに来てくださるお客様、怪談を提供してくれた皆様、怪談業界を盛り上げてくださっている先輩や後輩、いつも本当にありがとうございます。

出版の機会を与えてくださった関係者様にもたくさんの迷惑をおかけしましたが最後まで優しく対応してくださってありがとうございます。

そして今、本著を手に取ってくださっているあなたにも心より感謝いたします。


これからも怪談で繋がる仲間を大切にしていきたい。

怪談で人を笑顔にしたい。

怪談で恩返しがしたい。

そう思わせてくれたのは怪談が繋いでくれた「縁」なのだ。

二〇二〇年　匠平

北縁怪談

2020年11月5日　初版第1刷発行

著者　匠平
デザイン　荻窪裕司（design clopper）
編集　中西如（Studio DARA）
発行人　後藤明信
発行所　株式会社 竹書房
〒102-0072 東京都千代田区飯田橋2-7-3
電話03（3264）1576（代表）
電話03（3234）6208（編集）
http://www.takeshobo.co.jp
印刷所　中央精版印刷株式会社

定価はカバーに表示しています。
落丁・乱丁本は当社までお問い合わせ下さい。

ISBN　978-4-8019-2431-4　C0193